W&G
anwenden und verstehen

W&G
anwenden und verstehen

Wirtschaft und Gesellschaft
B-Profil
Theorie und Aufgaben

3. Semester

VERLAG:SKV | kv bildungsgruppe schweiz

Team

Dieses Lehrmittel ist ein Gemeinschaftswerk von ausgewiesenen Lehrpersonen mit jahrelanger Praxis in Schule und Betrieb. Aktuell zeichnet sich folgendes Team für die Inhalte verantwortlich.

Finanzwirtschaftliche Zusammenhänge

Dr. Daniela Fluder, Handelslehrerin, Dozentin Weiterbildung, Wirtschaftsschule KV Zürich

Betriebswirtschaftliche Zusammenhänge

Karin Wild, Handelslehrerin, Handelsschule KV Basel

Recht und Staat

Dominik Müller, Handelslehrer, Leiter Berufsmaturität BM, WKS KV Bildung Bern

Gesamtwirtschaftliche und gesellschaftliche Zusammenhänge

Corinne Sylla, Handelslehrerin, Wirtschaftsschule KV Zürich

Prof. Dr. Roman Dörig, Dozent am Institut für Angewandte Medienwissenschaft (IAM) an der Zürcher Hochschule für Angewandte Wissenschaften (ZHAW) und Privatdozent Universität St. Gallen, wirkt als wissenschaftlicher Berater in fachlicher und methodisch-didaktischer Hinsicht mit.

Haben Sie Fragen, Anregungen, Rückmeldungen oder Kritik?
Kontaktieren Sie uns unter feedback@verlagskv.ch.
Das Autorenteam freut sich auf Ihr Feedback.

5. Auflage 2020
Bundle ohne Lösungen: ISBN 978-3-286-34625-3
Bundle mit digitalen Lösungen: ISBN 978-3-286-34794-6
© Verlag SKV AG, Zürich
www.verlagskv.ch
Alle Rechte vorbehalten.
Ohne Genehmigung des Verlags ist es nicht gestattet,
das Buch oder Teile daraus in irgendeiner Form zu reproduzieren.
Projektleitung: Jeannine Tresch
Umschlagbild: Shutterstock

Zu diesem Buch

Konzept

Das Lehrmittel «W&G anwenden und verstehen» zeichnet sich durch folgende Punkte aus:
- exakt abgestimmt auf die Inhalte und die Semesterreihung gemäss Bildungsplan (BIVO 2012)
- pro Semester ein Band
- im Theorie- und Aufgabenteil konsequent nach Lernschritten aufgebaut
- verständlich formuliert mit anschaulichen Strukturdarstellungen
- mit vielen Zusatzaufgaben für den differenzierten Unterricht oder das individuelle Lernen
- als gebundenes Lehrmittel oder in Ordnerform einsetzbar
- vielfältige digitale Begleitmaterialien (Enhanced Book, Wissens-Check etc.) für Lehrpersonen und Lernende

Aufbau

Das Lehrmittel ist unterteilt in vier Fachbereiche, entsprechend den Richtzielen des Bildungsplans:

1.5.1 **Finanzwirtschaftliche Zusammenhänge (FWZ)**
1.5.2 **Betriebswirtschaftliche Zusammenhänge (BWZ)**
1.5.3 **Recht und Staat (R&S)**
1.5.4 **Gesamtwirtschaftliche und gesellschaftliche Zusammenhänge (GWZ)**

Mit der Erarbeitung der Theorie und dem Lösen aller Aufgaben eines Bandes ist sichergestellt, dass die Leistungsziele eines Semesters umfassend behandelt und geübt werden.
Eine Inhaltsübersicht über alle Semesterbände steht den Lehrpersonen im Bookshelf zur Verfügung. Der sechste Semesterband enthält eine zielgerichtete Repetition als Vorbereitung auf die Abschlussprüfung.

Aufgabensystematik

Der systematische Aufbau von Theorie und Aufgaben in Lernschritten erlaubt, die Lerninhalte deduktiv oder induktiv zu vermitteln.

Aufgabentyp	Beschreibung
Einführend	Nach Lernschritten geordnete Aufgaben, die ins Leistungsziel einführen
Weiterführend	Nach Lernschritten geordnete Aufgaben, die der Festigung und Automatisierung dienen
Kontrollfragen	Wissensfragen, welche mithilfe des Theorieteils selbstständig gelöst werden können (mit Lösungen)
Zusatz	Nach Lernschritten geordnete Zusatzaufgaben (mit Lösungen), welche der Repetition, der individuellen Förderung und dem differenzierten Unterricht dienen

Kontrollfragen und Zusatzaufgaben stehen digital zur Verfügung und können selbstständig gelöst sowie kontrolliert werden.

Begleitmaterialien

Im Bundle sind vielfältige digitale Begleitmaterialien inklusive: Mit dem Enhanced Book steht beispielsweise das gesamte Lehrmittel digital mit diversen Zusatzfunktionen und Hilfsmitteln zur Verfügung. Die Begleitmaterialien können mit beiliegendem Lizenzschlüssel unter **bookshelf.verlagskv.ch** aktiviert werden.

Lernortkooperation

Der konsequente Aufbau des Lehrmittels nach den schulischen Leistungszielen gemäss Bildungsplan ermöglicht eine direkte Verknüpfung mit den betrieblichen Leistungszielen. Das Enhanced Book kann als Plattform für eine aktive Lernortkooperation dienen. Es ermöglicht, z.B. in den Überbetrieblichen Kursen (ÜK) auf dem Schulstoff aufbauend die betrieblichen Leistungsziele zu vertiefen und mit Beispielen aus Branche und Betrieb anzureichern. Umgekehrt kann in der Schule das im ÜK erworbene praktische Wissen direkt einfliessen.

Aktualisierung der Inhalte

Das Lehrmittel wird regelmässig überarbeitet und weiterentwickelt. Neuerungen respektive Änderungen in Bezug auf die Inhalte oder die Rahmenbedingungen werden dabei berücksichtigt. Rückmeldungen zum Lehrmittel fliessen mit ein.

Inhaltsübersicht

Theorie und Aufgaben

Finanzwirtschaftliche Zusammenhänge	
5 Abschreibungen	1
6 Lohnabrechnung	25

Betriebswirtschaftliche Zusammenhänge	
7 Personalwesen	37
8 Risiken, Versicherungen und Vorsorge	67

Recht und Staat	
9 Mietvertrag	101
10 Verträge auf Arbeitsleistung	127
11 Steuerrecht	151
Stichwortverzeichnis	IX

5 Finanzwirtschaftliche Zusammenhänge
Abschreibungen

Inhaltsverzeichnis

	Theorie	Aufgaben
5.1 Berechnung der jährlichen Abschreibung	2	9
5.2 Verbuchung der Abschreibung	7	16
Leistungsziele		8

5 Abschreibungen

Einführungsfall

Der Koch Romano Fumagoli erwirbt das Restaurant Sonne, das ihm geeignet scheint, den Gästen seine Spezialität, die Molekularküche, näherzubringen. Das bedingt aber, dass er die alte Küche durch eine moderne ersetzt. Dass er alle neuen Geräte als Aktiven buchen kann, ist ihm klar. Aber wie bucht er die Kosten für die Installation, die neuen Wasserleitungen, die neuen Elektroinstallationen, die Malerrechnung usw.? Und wie soll Romano die jährliche Wertverminderung durch den täglichen Gebrauch in der Buchhaltung berücksichtigen?

5.1 Berechnung der jährlichen Abschreibung

5.1.1 Anschaffungs- und Buchwert

Bei der Anschaffung von Anlagen wie Maschinen, Computer, Einrichtungen, Liegenschaften und Fahrzeugen werden sämtliche Ausgaben bis zur fertigen Installation (= **Anschaffungswert**) normalerweise vorerst als Aktivzunahme im Anlagevermögen gebucht, da sie für die Herstellung von betrieblichen Leistungen über mehrere Jahre hinweg eingesetzt werden. Die Verbuchung als Aktivzunahme nennt man auch **Bilanzieren** der Ausgaben.

Beispiel

Die Füglister AG kauft Ende 20_0 eine neue Produktionsmaschine Z zu folgenden Bedingungen:

Katalogpreis	CHF 78 000
./. 15 % Rabatt	− CHF 11 700
= Nettopreis gemäss Rechnung	CHF 66 300
+ Fracht, Zoll, Transportversicherung	CHF 6 200
+ Montagekosten	CHF 7 500
= Anschaffungswert	CHF 80 000

Verbuchung bei sofortiger Zahlung per Banküberweisung

Text	Buchungssatz Soll	Buchungssatz Haben	Betrag
Nettopreis Produktionsmaschine	Produktionsmaschine Z	Bankguthaben	66 300
Fracht, Zoll, Transportversicherung	Produktionsmaschine Z	Bankguthaben	6 200
Montagekosten	Produktionsmaschine Z	Bankguthaben	7 500

Die Ausgaben für die Produktionsmaschine Z werden bei der Anschaffung mit total CHF 80 000 (erfolgsunwirksam) bilanziert.

Merke

Anschaffungswert = Kaufpreis netto (nach Abzug von Rabatt und Skonto)
+ Bezugskosten
+ Montage-/Installationskosten

Die Nutzung der Anlagen sowie andere Gründe wie technischer Fortschritt, Korrosion usw. verursachen bei diesen Aktiven laufend eine Wertabnahme, die Ende Jahr mit der Buchung «Abschreibungen/Anlagen» den Erfolg und den **Buchwert** (= in der

Buchhaltung ausgewiesener Wert) vermindert. Im Gegensatz zu den meisten anderen Aufwänden beruhen Abschreibungen nicht auf einem Geldabfluss, sondern auf der Wertabnahme von Anlagen. Es entsteht ein **nicht liquiditätswirksamer Aufwand**.

Beispiel Die jährliche Wertabnahme der Produktionsmaschine Z wird bei der Füglister AG auf CHF 16 000 geschätzt.

    Anschaffungswert   CHF 80 000
./. Abschreibung   – CHF 16 000
= Buchwert Ende Jahr   CHF 64 000

Produktionsmaschine Z		Abschreibungen	
80 000	16 000 →Erfolgsminderung→	16 000	
	Buchwert S_{Bi} 64 000		

Merke **Buchwert** = in Bilanz ausgewiesener Restwert
                = Anschaffungswert minus bisher verbuchte Wertverminderungen

5.1.2 Abschreibungsmethoden

Bei der Festlegung des jährlichen Abschreibungsbetrags geht es darum, den Anschaffungswert einer Investition möglichst genau auf die für die Nutzung vorgesehenen Jahre zu verteilen. In der Praxis werden grundsätzlich zwei Berechnungsmethoden verwendet.

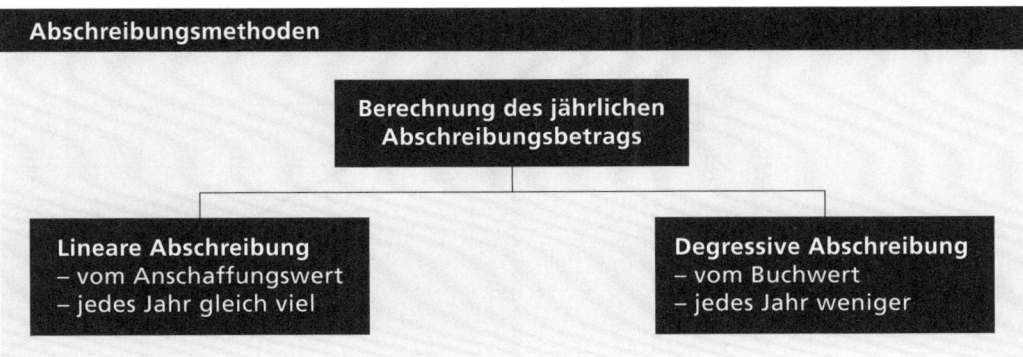

Lineare Abschreibung

Bei der **linearen Abschreibung** wird der jährliche Abschreibungsbetrag **gleichmässig** auf die geplanten Nutzungsjahre verteilt. Der Buchwert, das heisst der verbleibende Wert in der Buchhaltung, vermindert sich jährlich also immer um gleich viel (= linear). Den Prozentsatz der jährlichen Abschreibung erhält man, indem 100 % durch die Anzahl Nutzungsjahre dividiert wird. Der Abschreibungssatz bezieht sich bei der linearen Abschreibung immer auf den Anschaffungswert.

Wird damit gerechnet, dass die Anlage nach der geplanten Nutzungsdauer noch für einen Restwert verkauft werden kann, zieht man diesen bei der Berechnung vom Anschaffungswert ab.

Abschreibungen

Beispiel Die Füglister AG rechnet für die Ende 20_0 gekaufte Produktionsmaschine Z mit einer Nutzungsdauer von fünf Jahren.

Jährlicher Abschreibungsbetrag

$$\frac{\text{Anschaffungswert CHF 80 000}}{\text{5 Jahre Nutzungsdauer}} = \text{CHF 16 000 je Jahr}$$

Abschreibungssatz

$$\frac{100\%}{\text{5 Jahre Nutzungsdauer}} = 20\% \text{ je Jahr}$$

Berechnung der Buchwerte nach der linearen Methode (in CHF)

Jahr	Buchwert Anfang Jahr	Berechnung Abschreibungsbetrag	Abschreibungsbetrag	Buchwert Ende Jahr
20_1	80 000	20% von 80 000	16 000	64 000
20_2	64 000	20% von 80 000	16 000	48 000
20_3	48 000	20% von 80 000	16 000	32 000
20_4	32 000	20% von 80 000	16 000	16 000
20_5	16 000	20% von 80 000	16 000	0

Merke Bei der **linearen Abschreibungsmethode** wird immer **in Prozenten des Anschaffungswerts** abgeschrieben. Der Buchwert vermindert sich jährlich um den gleichen Betrag.

Degressive Abschreibung

Bei der **degressiven Abschreibung** wird die Wertverminderung **nicht gleichmässig** über die Jahre verteilt. Der Prozentsatz bleibt zwar auch immer gleich, aber die Abschreibung erfolgt nicht prozentual vom Anschaffungswert, sondern vom jeweiligen **Buchwert**. Da dieser jedes Jahr kleiner wird, nimmt auch der jeweilige Abschreibungsbetrag jährlich ab, weshalb man bei dieser Methode meistens den doppelten Abschreibungssatz anwendet.

Die degressive Methode erfasst eher den effektiven Wertverlust, der wegen der technologischen Alterung in den ersten Jahren relativ hoch ist.

Beispiel Die Füglister AG berechnet zum Vergleich die jeweiligen Buchwerte mit der degressiven Methode. Dabei rechnet sie bezogen auf die lineare Abschreibung mit dem doppelten Abschreibungssatz und rundet die Beträge jeweils auf zehn Franken auf.

Berechnung der Buchwerte nach der degressiven Methode

Jahr	Buchwert Anfang Jahr	Berechnung Abschreibungsbetrag	Abschreibungsbetrag	Buchwert Ende Jahr
20_1	80 000	40 % von 80 000	32 000	48 000
20_2	48 000	40 % von 48 000	19 200	28 800
20_3	28 800	40 % von 28 800	11 520	17 280
20_4	17 280	40 % von 17 280	6 920	10 360
20_5	10 360	40 % von 10 360	4 150	6 210

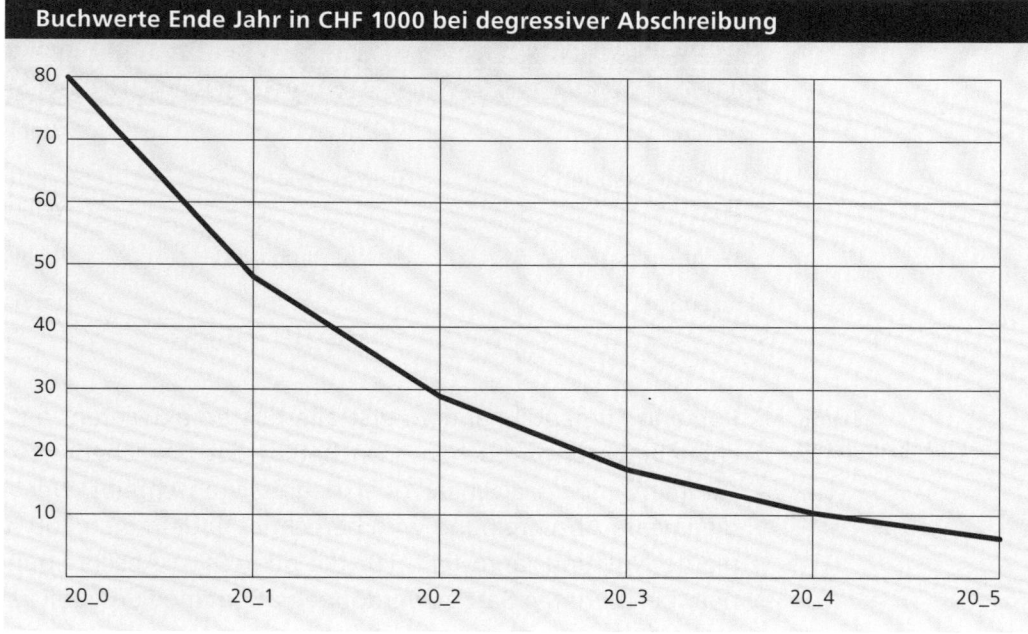

Merke Bei der **degressiven Abschreibungsmethode** wird immer **in Prozenten vom Buchwert** abgeschrieben. Dadurch vermindert sich der Abschreibungsbetrag von Jahr zu Jahr. Am Ende der Nutzungsdauer bleibt ein Restwert übrig.

Abschreibungen

In der Praxis werden häufig die von der Steuerverwaltung maximal vorgeschriebenen Abschreibungssätze gewählt. Für Motorfahrzeuge sind das beispielsweise linear 20 % und degressiv 40 % und für Geschäftshäuser 2 % bzw. 4 %.

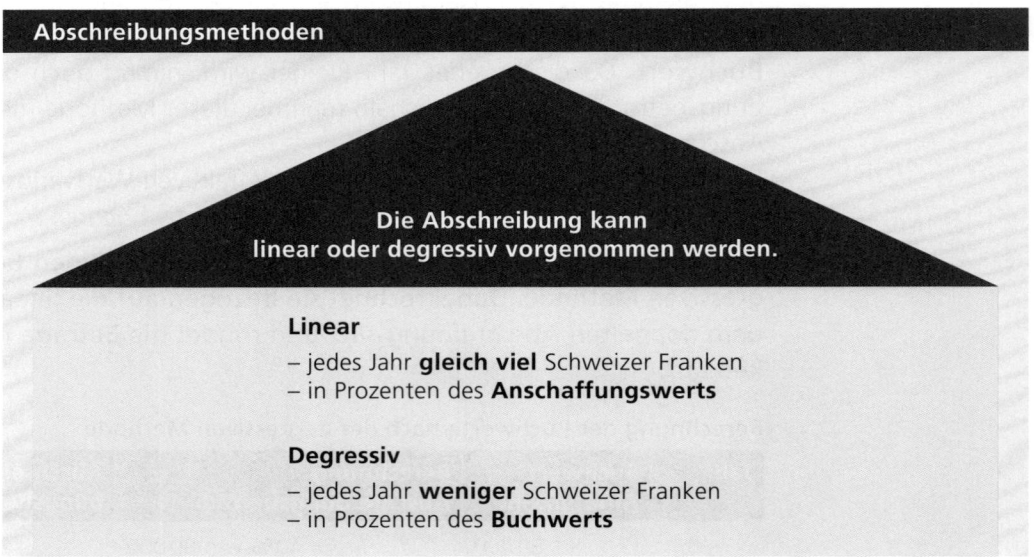

Zusammenfassung

Abschreibungsgründe

- Richtige Bewertung des Anlagevermögens
- Verteilung des Aufwands auf mehrere Rechnungsperioden

Abschreibungsbetrag

Merkmal	Lineare Abschreibung	Degressive Abschreibung
Jährlicher Aufwand	Gleich	Abnehmend
Wertverminderung	Gleichmässig	Zuerst stark, dann immer weniger
Abschreibungsbasis	Anschaffungswert	Buchwert (Restwert)
Prozentsatz	$\dfrac{100\%}{\text{Anzahl Nutzjahre}}$	Doppelter Prozentsatz aus der linearen Berechnung

Lösung Einführungsfall

Romano Fumagoli kann vorerst alle Kosten aktivieren, das heisst im Konto «Kücheneinrichtung» buchen. Den Betrag der jährlichen Abschreibung kann er bestimmen, indem er linear oder degressiv abschreibt. Der Abschreibungssatz für die lineare Abschreibung wird berechnet, indem man 100 % durch die Anzahl geplante Nutzungsjahre teilt. Für die degressive Abschreibung ist es üblich, den linear berechneten Satz zu verdoppeln. Romano Fumagoli kann aber auch die vom Steueramt vorgegebenen Abschreibungssätze wählen.

A E-Aufgaben 1 bis 3, W-Aufgaben 4 bis 6

5.2 Verbuchung der Abschreibung

Jede Wertverminderung von Anlagevermögen bewirkt einen Habeneintrag auf dem entsprechenden Aktivkonto und einen Solleintrag im Aufwandskonto «Abschreibungen», was den Erfolg vermindert.

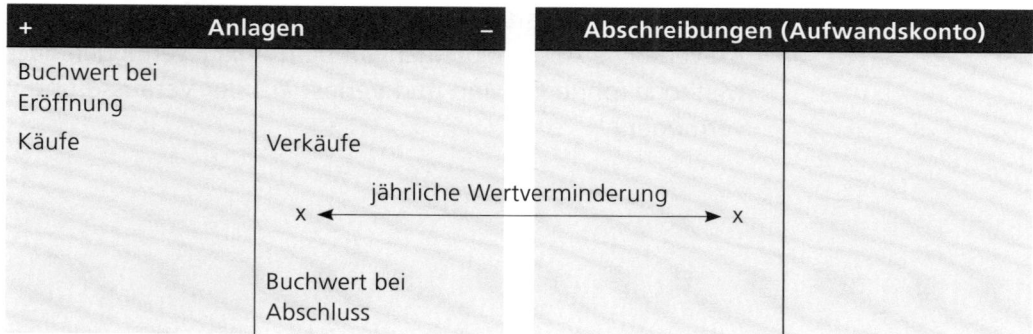

Beispiel Eine Maschine wurde vor drei Jahren für CHF 20 000 gekauft und jährlich mit CHF 2000 abgeschrieben. Wie ist im dritten Jahr zu buchen?

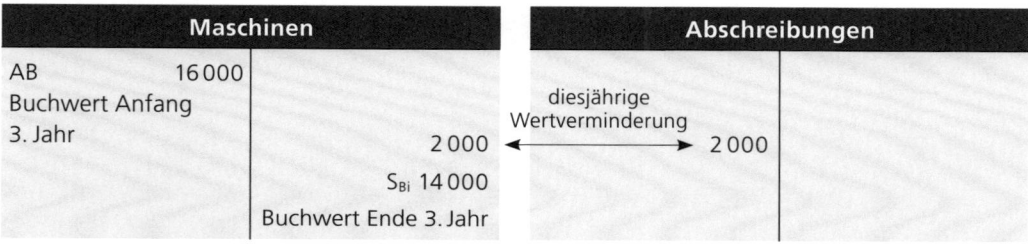

Aktiven	Bilanz per 31.12.20_3		Passiven
...			
Maschinen	14 000		
	(Buchwert)		
...			

Wenn die Wertverminderung im Haben des Anlagekontos gebucht wird, ist der Anschaffungswert bereits nach einem Jahr nicht mehr erkennbar. Im Konto «Anlagen» steht nur noch der **Buchwert** der vorhandenen Anlagen. Um den jährlichen Abschreibungsbetrag bestimmen zu können, muss man aber den Anschaffungswert kennen. Deshalb muss man eine gesonderte Anlagekartei führen.

Merke Typische Buchungssätze in der Anlagenbuchhaltung

Buchungstatsache	Soll	Haben
Rechnung für Anlage	Anlagen	Verbindlichkeiten LL
Skontoabzug	Verbindlichkeiten LL	Anlagen
Zahlung der Rechnung	Verbindlichkeiten LL	Flüssige Mittel
Zahlung Bezugs- und Montagekosten	Anlagen	Flüssige Mittel
Abschreibung der Anlagen	Abschreibungen	Anlagen
Kreditverkauf einer Anlage	Forderungen LL	Anlagen

A E-Aufgaben 7 bis 10, W-Aufgaben 11 bis 14

Leistungsziele

1.5.1.8 Abschreibungen

- Ich berechne Abschreibungen nach der linearen und nach der degressiven Methode (Anschaffungswert, Buchwert).
- Ich verbuche Abschreibungen auf dem Anlagevermögen nach der direkten Methode (ohne Gewinn und Verlust auf der Veräusserung von Anlagevermögen).

E 5.1 Berechnung der jährlichen Abschreibung

1. **Ursachen für Wertverminderungen bei Aktiven**

a) Nennen Sie die Ursachen, aus welchen die folgenden Vermögenspositionen im Laufe der Zeit an Wert verlieren.

b) Geben Sie an, ob der Wertverlust eher langsam oder eher rasch eintritt.

Vermögensposition (Aktivum)	Ursache für Wertverlust	Wertverlust erfolgt eher	
		rasch	langsam
Geschäftswagen		☐	☐
Computeranlage		☐	☐
Kundenforderungen		☐	☐
Geschäftsliegenschaft		☐	☐
Patente		☐	☐
Produktionsmaschine		☐	☐
Schwimmbecken Sportbad		☐	☐
Bestand an Legehennen in einer Legebatterie		☐	☐
Löwe im Zoo		☐	☐
Bankguthaben in Euro		☐	☐
Warenvorrat		☐	☐
Kiesgrube		☐	☐
Büromaterial		☐	☐

c) Bei welchen dieser Vermögensteile wird man die Wertverminderung im Konto «Abschreibungen» verbuchen?

....

....

Abschreibungen

2. Bestimmung Anschaffungswert und Buchwert, Verbuchung lineare Abschreibung

Die Maschinen AG liefert der Zenta GmbH eine Maschine zum Katalogpreis von CHF 190 000 mit 15 % Rabatt. Für die Installation verrechnet die Maschinen AG zusätzlich CHF 7500. Die Rechnung wird sofort per Banküberweisung bezahlt. Für den Transport schickt der Spediteur eine Rechnung über CHF 7000.

a) Berechnen Sie den Anschaffungswert der Maschine.

b) Wie viel muss jährlich abgeschrieben werden, wenn die Zenta GmbH die Investition gleichmässig auf die geplante Nutzungsdauer von 8 Jahren verteilen möchte?

c) Bilden Sie die Buchungssätze für den Kauf sowie für die Abschreibung Ende Jahr.

Buchungstatsache	Soll	Haben	Betrag in CHF
Zahlung an Maschinen AG			
Rechnung Spediteur			
Abschreibung			

d) Bestimmen Sie den Buchwert dieser Maschine nach einem Jahr und nach zwei Jahren.

3. Abschreibungsbeträge nach linearer und degressiver Methode bestimmen

Eine Versicherungsgesellschaft kauft Anfang Jahr neue Büroeinrichtungen für CHF 488 000. Die Liefer- und Installationskosten werden vom Lieferanten zusätzlich mit CHF 12 000 in Rechnung gestellt.

a) Verbuchen Sie die Rechnung.

Soll	Haben	Betrag
Mobiliar	Verbindlichkeiten LL	500 000

b) Es wird mit einer Nutzungsdauer von fünf Jahren gerechnet. Tragen Sie die Werte in die Tabelle ein, wenn linear abgeschrieben wird.

Jahr	Buchwert Anfang Jahr	Abschreibungsbetrag	Buchwert Ende Jahr
1	500 000	100 000	400 000
2	400 000	100 000	300 000
3	300 000	100 000	200 000
4	200 000	100 000	100 000
5	100 000	100 000	0

c) Tragen Sie die Werte in die Tabelle ein, wenn mit 40 % degressiv abgeschrieben wird.

Jahr	Buchwert Anfang Jahr	Abschreibungsbetrag	Buchwert Ende Jahr
1	500 000	200 000	300 000
2	300 000	120 000	180 000
3	180 000	72 000	108 000
4	108 000	43 200	64 800
5	64 800	25 920	38 880

d) Ab welchem Jahr ist der Abschreibungsbetrag bei degressiver Abschreibung kleiner als bei linearer?

Ab dem 3. Jahr.

e) Wie hoch ist der Buchwert am Ende der Nutzungsdauer bei der degressiven Methode und wie kommt man trotzdem auf null?

Der Buchwert beträgt CHF 38 880. Im letzten Jahr wird der Restbuchwert vollständig abgeschrieben, damit man auf null kommt.

f) Wieso wählt man bei der degressiven Abschreibung normalerweise den doppelten Abschreibungssatz?

Damit die Abschreibungen über die Nutzungsdauer ungefähr dem tatsächlichen Wertverlust entsprechen und am Ende der Nutzungsdauer ein Buchwert nahe null erreicht wird.

Abschreibungen

W 5.1 Berechnung der jährlichen Abschreibung

4. Kauf von Anlage verbuchen, Anschaffungswert und Buchwerte bestimmen

Der Garagebetreiber A. Hegglin erhält am 10. Januar 20_5 gegen Rechnung eine Hebebühne (Konto «Werkstatteinrichtung») für CHF 8000 abzüglich 10 % Rabatt und 2 % Skonto bei Zahlung innert 10 Tagen. Für den Transport bezahlt er mit der Maestro-Karte zusätzlich CHF 230 und für die Montage ebenfalls mit der Maestro-Karte nochmals CHF 114. Pünktlich am 20. Januar überweist er nach Abzug von 2 % Skonto den offenen Rechnungsbetrag für die Hebebühne per Bank.

a) Nennen Sie die Buchungssätze mit Text am 10. Januar und 20. Januar für die Anschaffung der Hebebühne.

Datum	Text	Soll	Haben	Betrag
10.1.	Kauf Hebebühne auf Rechnung	Werkstatteinrichtung	Kreditoren	7200
10.1.	Transport Hebebühne	Werkstatteinrichtung	Bank	230
10.1.	Montage Hebebühne	Werkstatteinrichtung	Bank	114
20.1.	Zahlung Kreditor per Bank	Kreditoren	Bank	7056
20.1.	Skonto Hebebühne	Kreditoren	Werkstatteinrichtung	144

b) Wie hoch ist der Anschaffungswert der Hebebühne?

Anschaffungswert = 7200 − 144 + 230 + 114 = CHF 7400

c) Wie hoch ist der Buchwert der Hebebühne am 31.12.20_9, wenn sie jährlich degressiv mit 30 % abgeschrieben wird? (Ergänzen Sie die Tabelle, die Abschreibungsbeträge sind auf CHF 10 aufzurunden.)

Jahr	Buchwert Anfang Jahr	Abschreibungsbetrag	Buchwert Ende Jahr
20_5	7400	2220	5180
20_6	5180	1560	3620
20_7	3620	1090	2530
20_8	2530	760	1770
20_9	1770	540	1230

d) Wie hoch wäre der Buchwert am 31.12.20_9, wenn linear mit 15% abgeschrieben würde?

5. Berechnungen zu linearer und degressiver Abschreibung

a) Der Buchwert des Anfang 20_3 angeschafften Fahrzeugs beträgt Ende 20_5 CHF 14 000. Wie hoch war der Anschaffungswert, wenn linear abgeschrieben und mit einer Nutzungsdauer von fünf Jahren gerechnet wurde?

b) Der Buchwert eines Anfang 20_3 angeschafften Fahrzeugs beträgt Ende 20_5 nach Abschreibung CHF 4536. Berechnen Sie den Anschaffungswert, wenn degressiv mit jährlich 40% abgeschrieben wurde.

Abschreibungen

c) Eine Wirtschaftsschule erneuert sämtliche IT-Einrichtungen für den Betrag von CHF 23 800.

1) Welchen Betrag muss sie jährlich für die Abschreibung ins Budget (geplante Erfolgsrechnung) nehmen, wenn sie mit einer Nutzungsdauer von fünf Jahren rechnet und linear abschreibt? Die Budgetzahlen werden jeweils auf CHF 100 genau aufgeführt.

2) Mit wie viel muss sie das Budget belasten, wenn sie damit rechnet, dass die Anlage nach fünf Jahren noch für CHF 3000 verkauft werden kann?

3) Mit wie viel müsste das Budget jährlich belastet werden, wenn damit gerechnet wird, dass die Entsorgung nach fünf Jahren etwa CHF 3000 kostet?

6. Abschreibungsmethode erkennen

Kreuzen Sie an, für welche Abschreibungsmethode die folgenden Merkmale zutreffen. Mehrfachantworten kommen vor.

Nr.	Merkmal	linear	degressiv
1	Abschreibung vom Buchwert	☐	☐
2	Höherer Abschreibungsbetrag in früheren Nutzungsjahren	☐	☐
3	Der Buchwert ist nach abgelaufener Nutzungsdauer nicht null.	☐	☐
4	Bei einer Nutzungsdauer von fünf Jahren beträgt der Abschreibungssatz 20%.	☐	☐
5	Berechnungsart der jährlichen Abschreibung	☐	☐
6	Die jährliche Wertverminderung wird in den Konten «Abschreibungen» und «Anlagen» gebucht.	☐	☐
7	Abschreibung vom Anschaffungswert	☐	☐
8	Bei einer Nutzungsdauer von fünf Jahren beträgt der Abschreibungssatz 40%.	☐	☐

E 5.2 Verbuchung der Abschreibung

7. Abschreibung über drei Jahre

Die Kirchgemeinde Oberdorf schafft Anfang 20_1 eine neue Computeranlage an. Es wird linear mit 20% abgeschrieben.
Tragen Sie die folgenden Buchungstatsachen in die vorgegebenen Konten ein und übertragen Sie jeweils per 31.12. die Saldi in die Bilanz respektive Erfolgsrechnung.

Buchungstatsachen Jahr 20_1

1. Rechnung für neue PC und Drucker CHF 28 910
2. Rechnung für das Einrichten der neuen PC CHF 1090
3. Abschreibung 20% linear
4. Rechnungsabschluss

Buchungstatsachen Jahr 20_2

1. Eröffnung
2. Anschaffung zusätzlicher Multifunktionsgeräte für CHF 1400
3. Abschreibung CHF 6280
4. Rechnungsabschluss

Buchungstatsachen Jahr 20_3

1. Eröffnung
2. Anschaffung eines zusätzlichen PC für CHF 3500
3. Abschreibung CHF 6980
4. Rechnungsabschluss

Finanzwirtschaftliche Zusammenhänge

Jahr 20_1

IT-Anlagen		Abschreibungen	

a	Bilanz per 31.12.20_1	p	A	Erfolgsrechnung 20_1	E

Jahr 20_2

IT-Anlagen		Abschreibungen	

a	Bilanz per 31.12.20_2	p	A	Erfolgsrechnung 20_2	E

Jahr 20_3

IT-Anlagen		Abschreibungen	

a	Bilanz per 31.12.20_3	p	A	Erfolgsrechnung 20_3	E

Abschreibungen

8. Kontenführung bei degressiver Abschreibung

a) Führen Sie die beiden Konten «Maschinen» und «Abschreibungen» aufgrund der folgenden Angaben:

Nr.	Buchungstatsache	Maschinen	Abschreibungen
1	Anfangsbestand CHF 160 550		
2	Kauf einer neuen Maschine auf Kredit für CHF 89 000		
3	Der Spediteur schickt die Rechnung für den Transport der neuen Maschine, CHF 450.		
4	Abzug von 3 % Skonto und Zahlung der Rechnung des Maschinenlieferanten		
5	Verkauf einer alten Maschine zum Buchwert von CHF 11 330		
6	30 % degressive Abschreibung vom Buchwert		
7	Abschluss (Saldo)		

b) Bezeichnen Sie die Saldi mit S_{Bi} (Saldo Bilanzkonto) bzw. S_{ER} (Saldo Erfolgskonto).

c) Bestimmen Sie den Anschaffungswert der neuen Maschine.

d) Wie hoch ist der Buchwert aller Maschinen beim Rechnungsabschluss?

9. Abschreibung mit Ausscheidung einer Maschine (Zahlen in CHF 1000)

Die Produktions AG verfügt über eine Förderanlage, die vor acht Jahren für 900 angeschafft wurde. Der Buchwert beträgt noch 10.
Führen Sie für die folgenden Buchungstatsachen die vorgegebenen Konten.

1. Eröffnung
2. Rechnung für eine neue Förderanlage inkl. Montage für 1000
3. Barverkauf der alten Förderanlage zum Buchwert
4. Jährliche Abschreibung der Anlage 20 % linear
5. Abschluss der Konten und Wiedereröffnung

Förderanlage		Abschreibungen	

10. Buchungssätze und Kontenführung

a) Nennen Sie die Buchungssätze mit Beträgen zu den folgenden Buchungstatsachen und führen Sie die Konten «Abfüllanlage» und «Abschreibungen».

Anfangsbestand: «Abfüllanlage» CHF 4000

1. Verkauf der alten Abfüllanlage gegen Barzahlung für   CHF 4 000
2. Kauf einer neuen Abfüllanlage bei A. Munz auf Kredit   CHF 52 000
3. Rechnungseingang von Gut GmbH für die Montage der Abfüllanlage   CHF 1 200
4. Zahlung der Abfüllanlage, nach Abzug von 10 % Rabatt, Banküberweisung
5. Abschreibung 15 % auf dem Anschaffungswert der neuen Abfüllanlage.
6. Abschluss der Konten und Wiedereröffnung

Nr.	Soll	Haben	Abfüllanlage	Abschreibungen
	Eröffnung			

Abschreibungen

b) Notieren Sie den Anschaffungswert der Abfüllanlage.

....

c) Bestimmen Sie den Buchwert der Abfüllanlage.

....

W 5.2 Verbuchung der Abschreibung

11. Abschreibung mit Austausch einer Maschine

Bilden Sie die Buchungssätze für nachfolgende Buchungstatsachen und führen Sie die gegebenen Konten.

1. Anfang Jahr beträgt der Wert der Maschinen CHF 85 000.
2. Die Maschine K 567 wird durch eine neue ersetzt und zum Buchwert von CHF 1000 beim Lieferanten an Zahlung gegeben. Die Rechnung des Lieferanten lautet:

Bruttopreis Maschine WDF 20005	CHF 20 000
./. 15% Rabatt	− CHF 3 000
= Nettopreis	CHF 17 000
./. Gutschrift für alte Maschine K 567	− CHF 1 000
= Unser Guthaben netto, zahlbar per 30. Juni	CHF 16 000

3. Ende Jahr werden die alten noch vorhandenen Maschinen mit 20% degressiv abgeschrieben, die neue entsprechend für ein halbes Jahr mit dem halben Prozentsatz.
4. Abschluss der Konten

Direkte Methode

Nr.	Soll	Haben		Maschinen		Abschreibungen
1	Eröffnung					

Berechnung Abschreibungsbetrag

Buchwert Anfang Jahr		
./. Ausscheidung alte Maschine		
= Buchwert verbleibende Maschinen	→ 20% =	
+ Anschaffungswert neue Maschine	→ 10% =	
= Abschreibungen total		

12. Fahrzeugtausch

Der Buchwert eines Fahrzeugs beträgt Anfang 20_5 CHF 16 380, die jährliche Abschreibung CHF 5460 oder 20 % vom Anschaffungswert.

a) In welchem Jahr und für welchen Betrag wurde das Fahrzeug gekauft?

Anschaffungswert = 5460 / 20 % = CHF 27 300
Bereits abgeschrieben: 27 300 − 16 380 = CHF 10 920 → 2 Jahre
Gekauft Anfang 20_3 für CHF 27 300.

b) Eröffnen Sie das Konto «Fahrzeug» per 1.1. 20_5 und führen Sie es weiter.

Fahrzeug	
AB 16 380	Abschreibung 2 730
Bank 21 350	Fahrzeug (alt) 13 650
Fahrzeug (Tausch) 35 000	Saldo 35 700
+ Transport 700	

c) Buchungssätze für den Tausch (Aufpreis per Bank):

Soll	Haben	Betrag
Abschreibung	Fahrzeug	2 730
Fahrzeug (neu)	Fahrzeug (alt)	13 650
Fahrzeug (neu)	Bank	21 350

Momentaner Saldo Konto Fahrzeug: 16 380 − 2 730 − 13 650 + 35 000 = CHF 35 000 ✓ (= Anschaffungspreis des neuen Fahrzeugs)

d) Rechnung für den Fahrzeugtransport CHF 700:

Soll	Haben	Betrag
Fahrzeug	Kreditoren	700

e) Anschaffungswert des neuen Fahrzeugs:

35 000 + 700 = **CHF 35 700**

Abschreibungen

13. Buchungssätze, Kontenführung

Anfang Jahr beträgt der Buchwert des Maschinenparks der Produktions AG CHF 65 000. Es wird degressiv abgeschrieben.

a) Eröffnen Sie das Konto «Maschinen».
b) Bilden Sie die Buchungssätze und führen Sie das Konto «Maschinen» für die folgenden Buchungstatsachen:

1. Verkauf einer Maschine zum Buchwert von CHF 3000 gegen Rechnung.
2. Rechnung der Service AG für diverse Reparaturen an Maschinen CHF 756
3. Eine neue Maschine wird bei der Bertschi AG zu folgenden Bedingungen angeschafft: Bruttopreis CHF 35 000, 10% Rabatt, Zusatzkosten für Installation pauschal CHF 300, 2% Skonto bei Zahlung innert 10 Tagen
4. Zahlung der Rechnung der Bertschi AG unter Abzug von 2% Skonto per E-Banking
5. Die Kohler AG liefert eine neue Spezialmaschine zum Preis von CHF 10 636. Die alte kann zum Buchwert von CHF 1000 an Zahlung gegeben werden. Die Zahlung erfolgt sofort mit E-Banking.
6. Jährliche Abschreibung (30%)
7. Abschluss des Kontos «Maschinen»

Nr.	Soll	Haben	Betrag	Maschinen
	Eröffnung			

Berechnung der Abschreibung

14. Vermischte Buchungssätze

Ergänzen Sie das Journal für die ausgewählten Buchungstatsachen aus einem Produktionsbetrieb. Die Fahrzeuge werden degressiv mit 30 % und die Einrichtungen linear mit 20 % abgeschrieben.

Nr.	Text	Soll	Haben	Betrag
1	Rechnungen an Kunden für Warenlieferung im Wert von CHF 5000	Debitoren	Warenertrag	5 000
2	Kauf einer neuen Maschine gegen Rechnung für CHF 30 000	Maschinen	Kreditoren	30 000
3	Anschaffung eines neuen Lieferwagens zum Preis von CHF 45 000 auf Kredit. Der alte wird zum Gegenwert von CHF 2000 an Zahlung genommen.	Fahrzeuge	Kreditoren	45 000
		Kreditoren	Fahrzeuge	2 000
4	Die Rechnung über CHF 2500 für die Installation der neuen Maschine trifft ein (vgl. 2).	Maschinen	Kreditoren	2 500
5	Kauf von Material auf Kredit zum Preis von CHF 21 600	Material	Kreditoren	21 600
6	Alte Verkaufsgestelle werden zum Buchwert von CHF 1500 verkauft. Die Zahlung erfolgt aufs Bankkonto.	Bank	Einrichtungen	1 500
7	Zahlung der Rechnung für die neue Maschine (vgl. 2) nach Abzug von 2 % Skonto	Kreditoren	Bank	29 400
		Kreditoren	Maschinen	600
8	Abschreibung der Einrichtungen: Anschaffungswert CHF 58 000, Buchwert CHF 12 000	Abschreibungen	Einrichtungen	11 600
9	Abschreibung der Fahrzeuge: Anschaffungswert CHF 64 000, Buchwert CHF 16 000	Abschreibungen	Fahrzeuge	4 800

6 Finanzwirtschaftliche Zusammenhänge
Lohnabrechnung

Inhaltsverzeichnis

	Theorie	Aufgaben
6.1 Vom Bruttolohn zum Nettolohn	26	30
Leistungsziel		29

6 Lohnabrechnung

Einführungsfall

Der 25-jährige Sandro Brosini hat nach der Lehre eine Stelle als Coiffeur im Salon Figuerra gefunden. Nach einem Monat freut er sich auf seinen Monatslohn in der Höhe von CHF 3500. Er erhält per Post die Lohnabrechnung und stellt fest, dass nicht der vertraglich vereinbarte Lohn ausbezahlt wurde. Dass die AHV vom Lohn abgezogen wird, versteht er, aber worum handelt es sich bei den weiteren Abzügen wie ALV, PK-Beitrag und NBU? Warum wird beim PK-Beitrag der angegebene Prozentsatz mit einer tieferen Zahl als seinem Lohn multipliziert?

6.1 Vom Bruttolohn zum Nettolohn

→ BWZ Kapitel 8

Jedes Unternehmen ist gesetzlich verpflichtet, für seine Arbeitnehmenden mit den **Sozialversicherungen** sowohl die geschuldeten Arbeitnehmer- als auch Arbeitgeberbeiträge abzurechnen. Die Arbeitnehmerbeiträge sind den Mitarbeitenden ab dem 18. Altersjahr vom **Bruttolohn** abzuziehen und zusammen mit den vom Arbeitgeber zu tragenden Beträgen den entsprechenden Sozialversicherungsanstalten periodisch zu überweisen.

Die Prämien von 10,55 % für die 1. Säule der Sozialversicherung (AHV, IV, EO) sowie von 2,2 % der Arbeitslosenversicherung (ALV) werden je zur Hälfte vom Arbeitgeber und Arbeitnehmer getragen; die Prämiensätze sind unabhängig vom Arbeitgeber gleich hoch. Auch bei der 2. Säule (berufliche Vorsorge) finanzieren Arbeitgeber und Arbeitnehmer die Prämien; der Arbeitgeber übernimmt dabei im Minimum die Hälfte.

Die Prämien für die **Nichtberufsunfallversicherung (NBU)** übernimmt grundsätzlich der **Arbeitnehmer**, diejenigen für die **Betriebsunfallversicherung (BU)** immer der **Arbeitgeber**. Es kommt vor, dass Arbeitgeber die NBU-Prämie zu einem Teil oder ganz übernehmen.

Dies nennt man die **paritätische Finanzierung** der Sozialversicherungen.

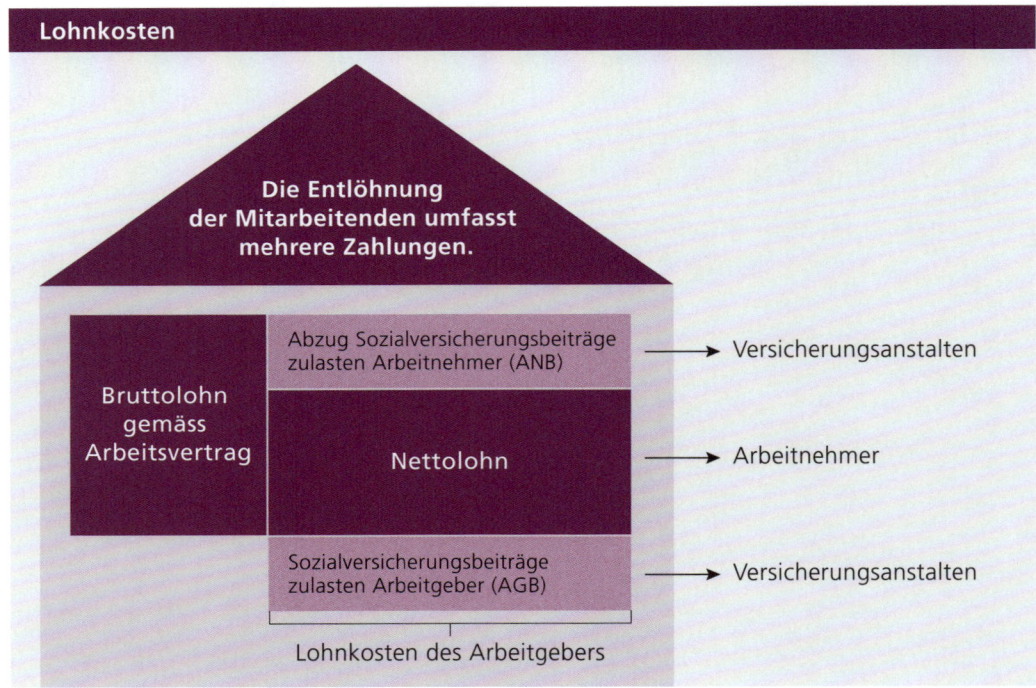

Finanzwirtschaftliche Zusammenhänge

Lohnabhängige Sozialversicherungsprämien (Stand 2020)

Versicherung	Prämiensatz		Berechnungsgrundlage	Hinweise
	Arbeitnehmer	Arbeitgeber		
AHV (Alters- und Hinterlassenenversicherung)	4,35 %	4,35 %	Bruttolohn	Für Selbstständigerwerbende gelten andere Sätze.
IV (Invalidenversicherung)	0,7 %	0,7 %	Bruttolohn	
EO (Erwerbsersatzordnung)	0,225 %	0,225 %	Bruttolohn	Erwerbsersatz bei Dienstpflicht und Mutterschaft
ALV (Arbeitslosenversicherung)	1,1 %	1,1 %	Bruttolohn bis CHF 12 350 pro Monat, danach nur noch 0,5 % als Solidaritätsbeitrag	Bis jährlich CHF 148 200 auf 12 Monate verteilt
PK (Pensionskasse, BVG)	Beiträge werden durch die Vorsorgeeinrichtung festgelegt.		Versicherter Lohn (Bruttolohn minus Koordinationsabzug)	Die Arbeitgeberbeiträge müssen mindestens so hoch sein wie die Arbeitnehmerbeiträge.
UV (Unfallversicherung)	NBU (Nichtberufsunfall) 0,4–2 %	BU (Berufsunfall) 0,1–2 %	Bruttolohn bis max. CHF 12 350 pro Monat	Die Sätze richten sich nach den Unfallrisiken der einzelnen Branchen.

Bestandteile der Lohnabrechnung

1. «AHV-Beitrag»
Normalerweise werden den Mitarbeitenden die Beiträge für AHV, IV und EO zusammengefasst unter dem Vermerk «**AHV**» mit **5,275 %** vom **Bruttolohn** abgezogen.

2. «ALV-Beitrag»
Die Prämie für die Arbeitslosenversicherung sichert während einer beschränkten Zeit einen Lohnersatz bei Arbeitslosigkeit und beträgt momentan für Arbeitnehmer und Arbeitgeber je **1,1 %** vom **Bruttolohn** bis zu einem maximalen Jahreslohn von CHF 148 200 (monatlich CHF 12 350).

3. «ALV2-Beitrag»
Derjenige Teil des Lohns, welcher über CHF 148 200 pro Jahr oder CHF 12 350 pro Monat liegt, wird durch die ALV nicht versichert. Trotzdem muss auf diesem Teil des Lohns vom Arbeitgeber und vom Arbeitnehmer ein **Solidaritätsbeitrag** von je **0,5 %** an die Arbeitslosenkasse abgeliefert werden. Dies ist ein Instrument der Umverteilung.

Lohnabrechnung

4. «PK-Beitrag», «BVG-Abzug»

Die obligatorischen Pensionskassenbeiträge gemäss BVG (Bundesgesetz über die berufliche Alters-, Hinterlassenen- und Invalidenvorsorge) sind nach oben und unten begrenzt. In den folgenden Beispielen und Aufgaben wird dies nicht weiter berücksichtigt. Der Arbeitgeber hat mindestens die Hälfte zu übernehmen. Die Abzüge schwanken stark je nach Pensionskasse, Alter und gewünschter Vorsorge.

Als Grundlage der Alters- und Hinterbliebenenvorsorge dient die AHV, die 1. Säule, die eine Mindestrente gewährleistet. Mit der 2. Säule, der beruflichen Vorsorge, sichern sich die Arbeitnehmenden eine zusätzliche, die AHV übersteigende Rente. Deshalb berechnet man den Beitrag an die Pensionskasse auch nicht in Prozenten des gesamten Bruttolohns, sondern nur des restlichen zusätzlich «**versicherten Lohns**», das heisst des um die zu erwartende AHV-Rente reduzierten Bruttolohns. Dieser Abzug wird **Koordinationsabzug** genannt und beträgt momentan jährlich CHF 24 885, was ⅞ der jährlichen AHV-Maximalrente ausmacht. Auf einen Monat umgerechnet ergibt das einen Abzug von **CHF 2073.75**.

5. «NBU-Prämie»

Die Höhe der Abzüge für die obligatorische Nichtbetriebsunfallversicherung (NBU) hängt davon ab, wie und bei welcher Versicherung das Unternehmen versichert ist. Eine Prämienpflicht besteht nur bis zu einem Bruttojahreslohn von CHF 148 200 (monatlich 12 350).

6. «Spesen»

Auslagen des Arbeitnehmers im Zusammenhang mit der Arbeit (z. B. Benützung des eigenen Fahrzeugs, Reisespesen) werden oft zusammen mit dem Lohn vergütet. Sie sind nicht Lohnbestandteil, was für die Sozialversicherungen und die Steuererklärung wichtig ist.

Beispiel Lohnabrechnung von Mario Burckhardt, Geschäftsführer

FIMALU TREUHAND GMBH

Pers. Nr.: 34
Sozialvers.-Nr.: 9874 356.7894.05
Periode: März 20_3

Herr
Mario Burckhardt
Wagenweg 14
8450 Andelfingen

Lohnabrechnung	Basis	Prozent	Betrag
Bruttolohn			11 100.00
AHV-Beitrag	11 100.00	5,275 %	585.55
ALV-Beitrag	11 100.00	1,10 %	122.10
PK-Beitrag*	9 026.25	7,20 %	649.90
NBU-Prämie	11 100.00	0,47 %	52.15
TOTAL ABZÜGE			**1 409.70**
NETTOLOHN			9 690.30
Spesenersatz			400.00
Total Auszahlung			10 090.30

Überweisung CHF 10 090.30
Valuta 25.3.20_3   IBAN CH5000115689 P78909149 UBS Andelfingen

*Versicherter Lohn Pensionskasse: Bruttolohn CHF 11 100 minus Koordinationsabzug CHF 2073.75 = CHF 9026.25

Finanzwirtschaftliche Zusammenhänge

Merke

Bruttolohn	→ Lohn gemäss Arbeitsvertrag
./. AHV-Beitrag (5,275 %)	
./. ALV-Beitrag (1,10 %)	
./. PK-Beitrag	
./. NBU-Prämie	
= **Nettolohn**	→ ausbezahlter Lohn

Buchungssatz für die Auszahlung des Nettolohns: Lohnaufwand/Bankguthaben

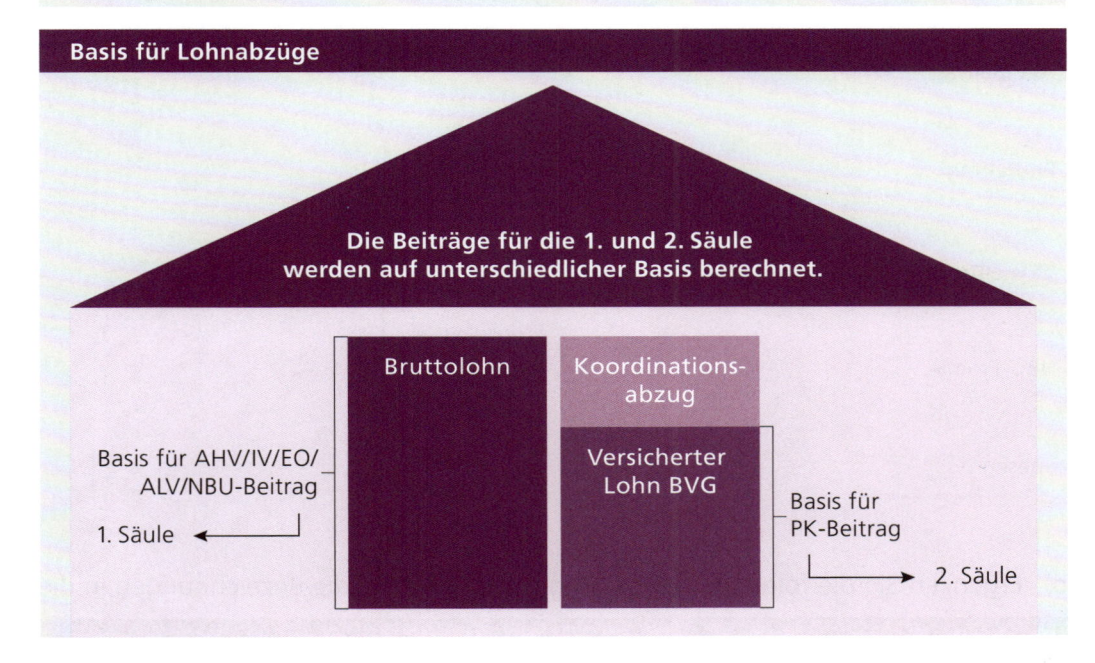

Basis für Lohnabzüge

Die Beiträge für die 1. und 2. Säule werden auf unterschiedlicher Basis berechnet.

- Bruttolohn — Basis für AHV/IV/EO/ALV/NBU-Beitrag (1. Säule)
- Koordinationsabzug
- Versicherter Lohn BVG — Basis für PK-Beitrag (2. Säule)

Lösung Einführungsfall

Bei den Abzügen handelt es sich um die obligatorischen Sozialversicherungsbeiträge: bei der Abkürzung ALV und NBU um die Arbeitslosenversicherung und die Nichtbetriebsunfallversicherung. PK steht für Pensionskasse.

Da in der 1. Säule ein Grundeinkommen, die AHV-Rente, bereits gewährleistet ist, muss in der 2. Säule nur noch derjenige Lohnteil versichert werden, der dieses übersteigt. Eine Doppelversicherung wird vermieden, indem vom AHV-pflichtigen Lohn der Koordinationsabzug abgezogen wird und nur für den Rest eine Prämie anfällt.

A E-Aufgaben 1 bis 3, W-Aufgaben 4 und 5

Leistungsziel

1.5.1.7 Lohnabrechnung

- Ich erkläre den Aufbau einer Lohnabrechnung und die Begriffe Bruttolohn und Nettolohn.

Lohnabrechnung

E 6.1 Vom Bruttolohn zum Nettolohn

1. Lohnabrechnung lesen und verstehen

a) Geben Sie an, für welche Sozialversicherungsprämien die folgenden Abkürzungen in einer Lohnabrechnung stehen:

Abkürzung	Steht für den Beitrag an folgende Sozialversicherung
AHV-Beitrag	
ALV-Beitrag	
PK-Beitrag	
BVG-Abzug	
NBU-Prämie	
Spesen	

b) Ergänzen Sie die folgende Aufstellung und tragen Sie die Bezeichnungen in die Grafik ein.

Beschreibung	Begriff
Lohn gemäss Arbeitsvertrag	
Ausbezahlter Lohn	
Differenz zwischen Brutto- und Nettolohn	

Lohnabrechnung

Bruttolohn

2. Lohnabrechnung ergänzen

a) Bestimmen Sie die Prozentsätze und deren Berechnungsbasis und ergänzen Sie die Lohnabrechnung von Dirk Baumann entsprechend.

b) Berechnen Sie den Nettolohn sowie die Auszahlung per 25.4. 20_1.

Lohnabrechnung April 20_1

Dirk Baumann	Basis	Prozent	Betrag
Bruttolohn			6300.00
AHV-/IV-/EO-Beitrag	6300.00	5,275%	332.35
ALV-Beitrag	6300.00	1,10%	69.30
PK-Beitrag	4226.25	8,50%	359.25
NBU-Prämie	6300.00	0,80%	50.40
TOTAL ABZÜGE			811.30
NETTOLOHN			5488.70
Spesen April			153.60
Total Auszahlung			5642.30
Graubündner Kantonalbank CHxx xxxx xxxx xxxx xxxx x	Valuta 25.4.20_1		

c) Ermitteln Sie den «versicherten Lohn» von CHF 4226.25 als Basis für den PK-Beitrag gemäss folgender Berechnung:

    Bruttolohn   6300.00
    ./. Koordinationsabzug   –2073.75
    = «Versicherter Lohn» (BVG)   4226.25

d) Wieso wird der Beitrag an die Pensionskasse nicht in Prozenten des Bruttolohns berechnet?

e) Wie wird der Koordinationsabzug berechnet?

Lohnabrechnung

3. Basis für die Lohnabzüge berechnen und Lohnabrechnung ergänzen

Françoise Hochstrasser ist Leiterin der Buchhaltung in einem Dienstleistungsunternehmen.
Ihr Jahresgehalt (Bruttolohn) beträgt CHF 84 480 (12 Monatsgehälter).

Weitere Informationen:
- NBU-Prämie 0,6 % des Bruttolohns
- Prämie Pensionskasse total 16 % für Arbeitgeber und Arbeitnehmer, gemäss BVG zu gleichen Teilen
- Der Koordinationsabzug beträgt CHF 24 885 pro Jahr.

a) Berechnen Sie den für die Sozialversicherungsprämien massgebenden Bruttolohn pro Monat.

b) Berechnen Sie den in der 2. Säule versicherten Monatslohn von Frau Hochstrasser.
Der Koordinationsabzug beträgt CHF 24 885 pro Jahr.

c) Ergänzen Sie die August-Lohnabrechnung für Frau Françoise Hochstrasser, indem Sie in der Spalte «Basis» die richtigen Beträge einsetzen. Die Begriffe «Nettolohn», «Bruttolohn» und «Auszahlungsbetrag» sind am richtigen Ort einzutragen.

Frau
Françoise Hochstrasser
Hauptstrasse 25
5070 Frick

Lohnabrechnung August 20_1

	Basis	Prozent	Betrag
			7040.00
AHV-Beitrag		5,275 %	371.35
ALV-Beitrag		1,10 %	77.45
PK-Beitrag		8,00 %	397.30
NBU		0,60 %	42.25
Total Abzüge			888.35
			6151.65
			6151.65

Die Auszahlung erfolgt per 29. August 20_1 auf das Konto Nr. 50-345.70, NAB Frick.

d) Wie lautet der Buchungssatz für die Auszahlung des Nettolohns über das Bankkonto der Bank?

....

W 6.1 Vom Bruttolohn zum Nettolohn

4. Fragen zur Lohnabrechnung

Gegeben sind zwei Beispiele zur Berechnung des auszuzahlenden Lohns. In beiden Fällen wird das 13. Gehalt im Dezember bezahlt.
Der Koordinationsabzug beträgt CHF 2073.75.

Position	Prozent	Beispiel 1 September	Beispiel 2 Dezember
Monatslohn		6 500.00	4 490.00
Überstundenvergütung			1 120.00
13. Monatslohn			4 490.00
		6 500.00	10 100.00
Abzüge:			
AHV-Beitrag	5,275 %	342.90	532.80
ALV-Beitrag	1,10 %	71.50	111.10
BVG-Abzug	7,50 %	331.95	601.95
NBU		63.00	121.20
Total Abzüge		809.35	1 367.05
		5 690.65	8 732.95
Spesen		113.00	
Auszahlungsbetrag		5 803.65	8 732.95

a) Bestimmen Sie für die beiden Beispiele den Bruttolohn und den Nettolohn.

	Beispiel 1	Beispiel 2
Bruttolohn		
Nettolohn		

Lohnabrechnung

b) Berechnen Sie den BVG-versicherten Lohn im Beispiel 2.

> Bruttolohn
> ./. Koordinationsabzug
> = Versicherter Lohn

c) Welche Spesen könnten im Beispiel 1 mit dem Lohn vergütet worden sein?

d) Weshalb fehlt der Beitrag für die Berufsunfallversicherung (BU) auf den Abrechnungen?

e) Welche zusätzlichen obligatorischen Ausgaben für das Personal hat ein Arbeitgeber?

5. Lohnabrechnung egänzen

Almir Bravik arbeitet als Personalsachbearbeiter in der schweizerischen Tochterfirma eines britischen Grossunternehmens.
Gemäss Arbeitsvertrag gelten die folgenden Bedingungen:
- Der 13. Monatslohn wird jeweils anteilmässig jeden Monat direkt ausbezahlt.
- Monatslohn CHF 6120 (exklusive 13. Monatslohn)
- Prämie Pensionskasse: total 18%, der Arbeitgeber übernimmt davon zwei Drittel.
- NBU-Prämie: total 2%, der Arbeitgeber übernimmt davon die Hälfte.
- Almir Bravik erhält monatlich zusätzlich CHF 300 Spesenersatz.
- Koordinationsabzug CHF 2073.75

a) Ergänzen Sie als Erstes auf der Lohnabrechnung die Felder «Basis» und «Prozent».
b) Erstellen Sie die Lohnabrechnung für den Monat Februar 20_1.

Monat: Februar 20_1

	Basis	Prozent	Betrag
Monatslohn			6120.00
Anteil 13. Monatslohn			510.00
Bruttolohn			
AHV-Beitrag	6630.00		349.75
ALV-Beitrag		1,10%	72.95
Beitrag Pensionskasse (PK)		6,00%	273.40
Prämie Nichtberufsunfall (NBU)	6630.00	1,00%	
Total Abzüge			
Nettolohn			
			300.00
Auszahlungsbetrag (Banküberweisung)			

c) Verbuchen Sie die Überweisung des Nettolohns und der Spesen.

Nettolohn

Spesen

7 Betriebswirtschaftliche Zusammenhänge
Personalwesen

Inhaltsverzeichnis

		Theorie	Aufgaben
7.1	Planung des Personalbedarfs und Rekrutierung	38	47
7.2	Betreuung während des Anstellungsverhältnisses	40	52
7.3	Personalaustritte	45	65

Leistungsziele   46

7 Personalwesen

Einführungsfall

Thomas Kübler ist im zweiten Lehrjahr der kaufmännischen Lehre. Die Arbeit und die Atmosphäre im Betrieb gefallen ihm sehr gut. Die Leute in den beiden Abteilungen, die er bisher kennen gelernt hat, unterstützen ihn sehr. Es gefällt ihm, dass eine motivierte Stimmung herrscht und das Unternehmen Weiterbildungsanstrengungen fördert.
Thomas Kübler kann sich gut vorstellen, auch nach der Lehre in diesem Unternehmen, welches ein gutes Image als Arbeitgeber hat, zu arbeiten. Er fragt sich, unter welchen Voraussetzungen das wohl möglich wäre und wie er vorgehen müsste, um eine Stelle zu bekommen.
Wovon wird es abhängen, ob dies gelingt?

Das Personalwesen, auch **Personalmanagement** oder Human Resources Management (HRM) genannt, gilt als strategischer Erfolgsfaktor. Als umfassende **Zielsetzung** sollen zur rechten Zeit die richtigen Leute in der richtigen Anzahl an der richtigen Stelle im Einsatz sein, ihre Leistung soll fair honoriert werden, und es soll ihnen Weiterentwicklung ermöglicht werden, sodass sie im Unternehmen behalten werden können. Wer diese Ziele erreicht, wirkt auch gegen aussen mit einem positiven Image als Arbeit gebendes Unternehmen.

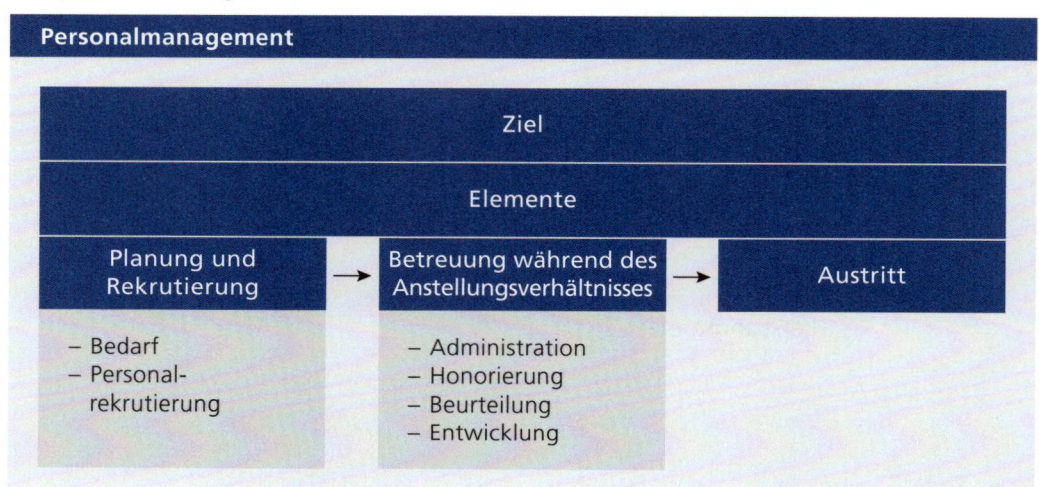

Personalmanagement		
Ziel		
Elemente		
Planung und Rekrutierung	Betreuung während des Anstellungsverhältnisses	Austritt
– Bedarf – Personalrekrutierung	– Administration – Honorierung – Beurteilung – Entwicklung	

A E-Aufgaben 1 und 2

7.1 Planung des Personalbedarfs und Rekrutierung

Um zur rechten Zeit die richtige Anzahl Leute mit den richtigen Qualifikationen zu haben, muss man klären
- wie viele und welche Personen das Unternehmen benötigt. → **Personalbedarf**
- wie man die richtigen Personen gewinnen will. → **Personalrekrutierung**

Als **Personalbedarf** bezeichnet man die benötigte Anzahl Mitarbeitende mit den passenden Qualifikationen. Wenn ein Unternehmen seine Tätigkeit ausbaut oder Angestellte das Unternehmen verlassen, entsteht ein Personalbedarf durch sogenannte Unterdeckung.
Die Unterdeckung kann kurzfristig, also vorübergehend, oder langfristig und damit dauerhaft auftreten. Wichtig ist, einen Bedarf frühzeitig zu erkennen und Massnahmen in die Wege zu leiten, um ihn zu decken.

Personalrekrutierung bedeutet, dass ein Unternehmen Mitarbeitende sucht, um Stellen neu zu besetzen, wenn eine Unterdeckung besteht.

→ 1. Semester 4.5

Stellenbeschreibungen helfen, die passenden Mitarbeitenden zu finden, weil darin u.a. die Anforderungen beschrieben sind, welche für eine bestimmte Stelle benötigt werden.

Rekrutierung

Interne Personalsuche		Externe Personalsuche	
Kurzfristiger Bedarf Mitarbeitende leisten Mehrarbeit in Form von Überstunden oder vorläufigem Verzicht auf Ferien.	**Langfristiger Bedarf** Mitarbeitende übernehmen neue Aufgaben oder intern eine neue Stelle. Z.B. Weiterbildung, Nachwuchsförderung	**Kurzfristiger Bedarf** Angestellte mit befristeten Arbeitsverträgen Z.B. Temporärkräfte	**Langfristiger Bedarf** Rekrutierung neuer Mitarbeitender auf dem Arbeitsmarkt Beispielsweise Inserat, Stellenportal oder z.B. Ausschreibung auf dem Firmengelände oder auf der Website
Vorteile: • Keine Einführungsarbeit • Kennt unter Umständen auch die Kundschaft	**Vorteile:** • Kostengünstiger und meist schneller • Kürzere Einarbeitungszeit • Kleineres Selektionsrisiko (Auswahlrisiko), da der Mitarbeitende mit seinen Fähigkeiten bereits bekannt ist und das Unternehmen selbst die Belegschaft und die Produkte kennt • Interne Aufstiegsmöglichkeiten wirken motivierend	**Vorteile:** • Bedarf kann rasch gedeckt werden	**Vorteile:** • Grössere Auswahl • Kandidatinnen und Kandidaten, die selbst neues Know-how und eventuell eine Kundenbeziehung einbringen • Beeinflussbarkeit der Mitarbeiterstruktur betreffend Alter, Geschlecht und Fähigkeiten
Nachteile: • Überbelastung der Mitarbeitenden • Je nach Dauer demotivierend	**Nachteile:** • Übergangene Mitarbeiter sind unter Umständen unzufrieden • Eine andere Stelle muss neu besetzt werden • Kein neues Blut von aussen	**Nachteile:** • Temporärkräfte kennen das Unternehmen nicht und identifizieren sich nicht angemessen • Relativ teuer	**Nachteile:** • Suche ist aufwendig und teuer • Grössere Gefahr einer Fehlbesetzung

Bei der externen Suche besteht immer das **Risiko einer Fehlbesetzung**. Dieses Risiko soll auf ein Minimum reduziert werden. Dazu stehen z.B. die Hilfsmittel des Interviews und des Assessment-Centers zur Verfügung.

Personalwesen

Interview und Assessment-Center

Zu einem Interview oder Assessment-Center lädt das Unternehmen Bewerberinnen und Bewerber ein, welche die Vorprüfung bestanden haben und in die engere Wahl für eine ausgeschriebene Stelle gekommen sind.

Die **Vorprüfung** findet aufgrund der eingesandten Unterlagen statt, welche aus dem Bewerbungsschreiben (Motivationsschreiben), dem Lebenslauf, Zeugnissen und Referenzen bestehen.

Beim **Interview** oder **Vorstellungsgespräch** findet der erste persönliche Kontakt zwischen externen Bewerberinnen und Bewerbern und Firmenvertretern statt. Das Unternehmen will sich selbst vorstellen, mehr über die sich bewerbende Person erfahren und die künftige Aufgabe darlegen. Es geht darum herauszufinden, ob die Person für den Job und zum Unternehmen passt.

Beispiel Nachdem die Firma vorgestellt worden ist, wird die Bewerberin resp. der Bewerber über den Werdegang, spezielles Wissen und Fähigkeiten, Grund des Stellenwechsels, Erwartungen an die Stelle, eigene Stärken und Schwächen, berufliche Ziele, geografische Flexibilität, aktuellen Lohn und Lohnerwartungen usw. befragt. Alle Fragen haben einen Zusammenhang zum Job und sollen das Bild, welches man aus den Bewerbungsunterlagen gewonnen hat, ergänzen.
Mithilfe der Stellenbeschreibung erfährt der Bewerber resp. die Bewerberin alles Wesentliche über den Job. Auch die Anstellungsbedingungen werden dargelegt.

Beim **Assessment-Center** (AC) verläuft das Auswahlverfahren so, dass eine oder mehrere Personen eingeladen werden, um unter Beobachtung realitätsnahe Aufgaben zu lösen.

Es wird der höchste Voraussagewert für die Eignung der Kandidaten erreicht, da die eingesetzten Methoden vielfältig sind und die Beurteilung immer durch mindestens zwei Personen erfolgt.

Die Auswahl mithilfe von Assessment-Centern ist teuer und aufwendig, da sie in der Regel zwei bis vier Tage dauert.

Beispiel Nebst der Selbstpräsentation sind Unternehmensplanspiel, Rollenspiel, Postkorbübung und Gruppendiskussion häufig Teile eines Auswahlverfahrens in einem AC.

Angewandt wird dieses Instrument eher in Grossbetrieben und wenn es um die Besetzung von Führungspositionen geht.

A E-Aufgaben 3 und 4, W-Aufgaben 5 und 6

7.2 Betreuung während des Anstellungsverhältnisses

Die Mitarbeitenden werden an einer bestimmten Stelle im Unternehmen eingesetzt und eingearbeitet. Sie sollen motiviert arbeiten und sich weiterentwickeln können. Es stellen sich die folgenden Fragen:
- Welche Aufgaben erfüllt das Personalbüro dabei? → **Personaladministration**
- Wie werden die Leistungen der Mitarbeitenden entlöhnt? → **Personalhonorierung**
- Wie und wann erfolgen Rückmeldungen zu Leistung und Verhalten? → **Personalbeurteilung**
- Wie und weshalb entfalten sich Mitarbeitende? → **Personalentwicklung**

7.2.1 Personaladministration

Im Personalwesen fallen folgende Arbeiten an, welche die Mitarbeitenden direkt betreffen:
- Arbeitsverträge werden aufgesetzt, versandt und archiviert
- Lohnabrechnungen werden erstellt und Löhne überwiesen
- Präsenz- und Fehlzeitenkontrolle wird geführt
- Der Bezug von Ferien wird koordiniert und kontrolliert
- Personaldossiers werden nachgeführt und aufbewahrt

Mit folgenden Aufgaben werden auch andere Stellen bedient, wie z.B. die Geschäftsleitung, staatliche Stellen wie die Pensionskasse, die AHV-Revisoren usw.:
- Lohnbuchhaltung wird geführt inkl. Sozialversicherungsbeiträge
- Verschiedene Korrespondenz in den Bereichen Personalrekrutierung (Einladungen, Absagen usw.), Personalaustritte (Kündigungsschreiben, Zeugnisse schreiben) usw. wird erledigt

A E-Aufgabe 7

7.2.2 Personalhonorierung

Menschen stellen einem Unternehmen ihre Arbeitskraft zur Verfügung.
Dafür erhalten sie gemäss Obligationenrecht für ihre Leistung Lohn, «der nach Zeitabschnitt (**Zeitlohn**) oder nach geleisteter Arbeit (**Akkordlohn**) bemessen wird».

Art. 319 Abs. 1 OR

Bei der Personalhonorierung geht es auch um
- die Wahl von Lohnformen, welche Aspekte wie Qualität der Arbeit und Leistungsmotivation sicherstellen → **Lohnarten**
- die Ausgestaltung eines Lohnsystems, welches intern und extern akzeptiert wird → Anforderungen an einen angemessenen und fairen Lohn
- die Zusammensetzung von Löhnen → **Bestandteile des Gesamtlohns**

Lohnarten

In welcher Form Lohn bezahlt wird, richtet sich nach den **vertraglichen Vereinbarungen** von Arbeitgebenden und Arbeitnehmenden oder deren Organisationen (Arbeitgeberverbände und Gewerkschaften). Dabei können verschiedene Lohnarten miteinander kombiniert werden.
Nebst den bereits genannten Entgeltungsformen Zeit- und Akkordlohn führt das Obligationenrecht den **Naturallohn** (Entschädigung in Gütern wie Kost, Logis, unternehmenseigenen Produkten; kostenlos zur Verfügung gestellte Berufskleidung; Gratisnutzung des Firmenfahrzeugs für private Zwecke; Weiterbildung, die durch das Unternehmen finanziert wird; Vergünstigungen beim Bezug von Mitarbeiteraktien usw.), verschiedene **Formen der Erfolgsbeteiligung** (vertraglich vereinbarte Gewinn-, Umsatz- oder sonstige Beteiligungen am Geschäftsergebnis) und die **Gratifikation** (freiwillig variabel gestaltbare Entschädigung bspw. für besondere Anlässe) als Sondervergütung auf.
Nachfolgend werden die in der Praxis üblichsten drei Lohnarten miteinander verglichen:

Lohnarten

Zeitlohn

Lohnhöhe ist im Voraus vereinbart und wird unabhängig von Menge und Qualität der Arbeit ausbezahlt.
(z.B. Stunden-, Monatslohn, 13. Monatslohn)

Leistungslohn

Akkordlohn

Leistungslohn, der mengenabhängig bemessen wird (Art. 319 OR)
(z.B. Entlöhnung nach der Abgabe gefertigter Teile)

Provision

Vergütung, die sich nach dem abgeschlossenen oder vermittelten Geschäft richtet
(z.B. Geldbetrag für einen erfolgreichen Vertragsabschluss)

Mischform: Prämienlohn

Grundlohn als Zeitlohn zuzüglich der vertraglich vereinbarten Prämienzahlung (Prämie), wenn Mitarbeitende im Voraus festgelegte Ziele oder Verhalten erreichen
(z.B. Ziele betreffend die Anzahl hergestellter Stücke, Ausschussquote, Umsatzhöhe, Termintreue)

Vor- und Nachteile Arbeitnehmende (Zeitlohn):
- Lohnhöhe zuverlässig bekannt, wenig Unsicherheit
- Wenig Motivation, bessere oder mehr Leistung zu erbringen

Vor- und Nachteile Arbeitnehmende (Akkordlohn):
- Lohnhöhe ist beeinflussbar durch eigene Leistung.
- Lohnhöhe schwankt.
- Leistungsdruck
- Höhere Unfallgefahr

Vor- und Nachteile Arbeitnehmende (Provision):
- Belohnung für gute/überdurchschnittliche Ergebnisse
- Motivierend
- Individuell beeinflussbar
- Belohnt nur «Ergebnisse», andere Aspekte werden nicht honoriert.
- Leistungsdruck

Vor- und Nachteile Arbeitnehmende (Prämienlohn):
- Das Erlangen der Prämie ist beeinflussbar durch eigenes Handeln.
- Motiviert, das Ziel zu erreichen
- Leistungsdruck

Vor- und Nachteile Arbeitgebende (Zeitlohn):
- Einfaches Abrechnungssystem
- Kein Anreiz für überdurchschnittliche Leistungen

Vor- und Nachteile Arbeitgebende (Akkordlohn):
- Anreiz für Mitarbeitende, mehr oder rascher zu arbeiten
- Belohnungscharakter für Leistungsstarke
- Kompliziertere Abrechnung
- Höhere Unfallgefahr
- Qualitätsprobleme

Vor- und Nachteile Arbeitgebende (Provision):
- Anreizsystem für leistungsstarke Mitarbeitende
- Nichtprovisonswirksame Aspekte werden evtl. vernachlässigt.

Vor- und Nachteile Arbeitgebende (Prämienlohn):
- Bestimmte Verhalten sind direkt beeinflussbar.
- Prämie kann als Lohnbestandteil vereinbart oder auch vorübergehend eingesetzt werden
- Evtl. zusätzliche Lohnkosten
- Definierte Ziele müssen erreichbar sein.

Mit den gewählten Lohnarten setzen die Unternehmen Signale und Anreize: Steht das regelmässige Erledigen der Arbeit im Vordergrund, oder sollen die Mitarbeitenden selbst wesentlich die Höhe ihres Lohns mitgestalten können durch ihre Leistungen? Mitarbeitende erkennen anhand der Lohnarten, wie stark individuelle oder allenfalls teambezogene Leistungen gewichtet werden.

Beispiel Während der kaufmännischen Grundausbildung wird ein branchen- und unternehmensabhängiger Zeitlohn bezahlt, welcher allenfalls durch Prämienzahlungen ergänzt wird. Die Ausbildungsleistung, welche das Unternehmen erbringt, ist Teil des Entgelts.

Anforderungen an einen angemessenen und fairen Lohn

Lohn ist mehr als ein Entgelt für Arbeit. Gerade die Frage nach dem fairen oder gerechten Lohn wird von den Anspruchsgruppen unterschiedlich beurteilt.

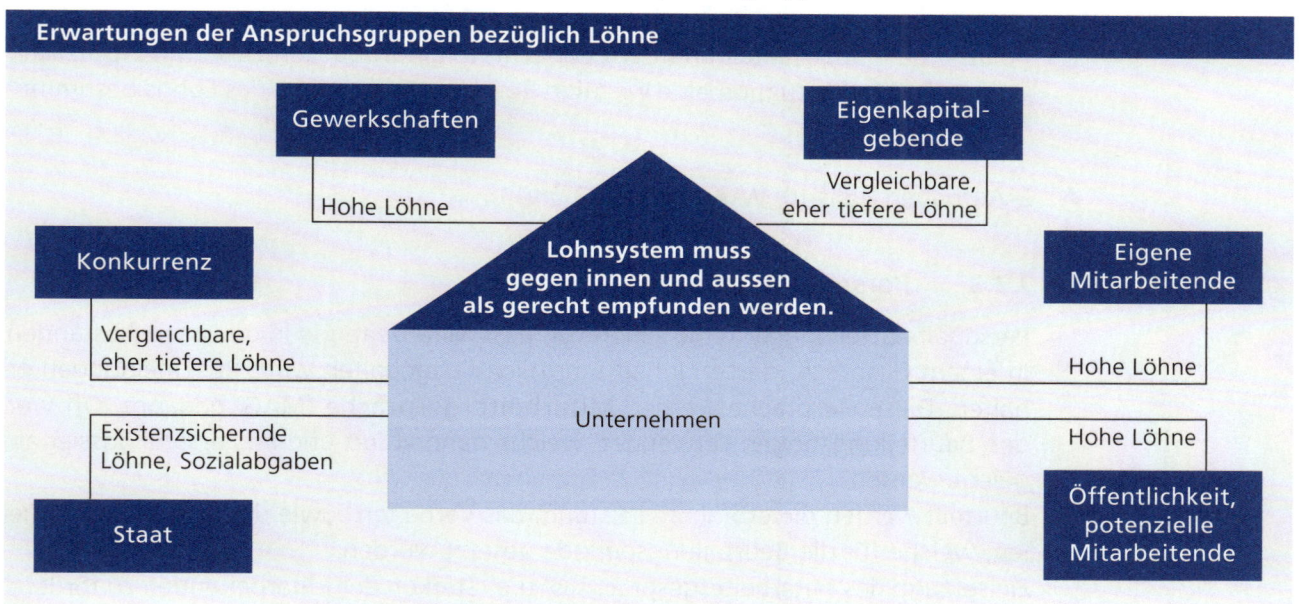

Erwartungen der Anspruchsgruppen bezüglich Löhne

- Gewerkschaften — Hohe Löhne
- Eigenkapitalgebende — Vergleichbare, eher tiefere Löhne
- Konkurrenz — Vergleichbare, eher tiefere Löhne
- Eigene Mitarbeitende — Hohe Löhne
- Staat — Existenzsichernde Löhne, Sozialabgaben
- Öffentlichkeit, potenzielle Mitarbeitende — Hohe Löhne

Lohnsystem muss gegen innen und aussen als gerecht empfunden werden. (Unternehmen)

Das Unternehmen will mit seinen Löhnen konkurrenzfähig sein, die Anforderungen an die Mitarbeitenden abgelten und deren Leistung wertschätzend honorieren. Zudem sind die Lohnsumme und deren Entwicklung abhängig vom Geschäftsverlauf.

Die Bestandteile des Gesamtlohns

Art. 8 Abs. 3 BV Die Bundesverfassung legt fest, dass Mann und Frau Anspruch auf gleichen Lohn für gleichwertige Arbeit haben. Wie wird bestimmt, welche Arbeiten «gleichwertig» sind? Ist die Arbeit im Sekretariat gleichwertig zur Arbeit des Putzpersonals oder der Aussendienstmitarbeitenden?

Um zu bestimmen, welche Arbeiten gleichwertig sind, notiert man die jeweiligen Anforderungen und entschädigt diese mit einem Arbeitsplatzanteil. Dies entspricht dem Grundlohn.

Personalwesen

Lohnunterschiede zwischen Mitarbeitenden mit gleichen Stellen sind aber möglich, weil der Grundlohn nur ein Bestandteil des vertraglich vereinbarten Gesamtlohns ist, der durch mehrere individuelle Komponenten ergänzt wird.

Bestandteile des Gesamtlohns
Grundlohn (Arbeitsplatzanteil)
+ Individuallohn:
▪ Persönlichkeitsanteil (z.B. Erfahrung)
▪ Leistungsanteil (z.B. individuell messbar wie «Anzahl je Zeiteinheit» oder «Wert eines abgeschlossenen Geschäfts»)
▪ Zulagen (z.B. Nachtdienst, Überstunden, Sonntagsarbeit)
▪ Sozialanteil (z.B. Familienstand, Kinder)
▪ Ausserordentlicher Anteil (z.B. Erfolgsbeteiligung, evtl. Boni)

Merke Lohn setzt sich in der Regel aus mehreren Bestandteilen zusammen: dem Arbeitsplatz-, dem Sozialanteil und der beobachteten individuellen Leistung. Zusätzlich spielt die Marktsituation eine wichtige Rolle, wenn die Höhe des Lohns bestimmt wird.

A E-Aufgaben 8 bis 10, W-Aufgaben 13 und 14

7.2.3 Personalbeurteilung

Personalbeurteilungssysteme sehen vor, dass Mitarbeitende in gewissen Abständen in einem Gespräch, dessen Inhalt schriftlich festgehalten wird, Rückmeldungen erhalten. Diese Gespräche werden **Mitarbeitergespräche** (MAG) genannt. Oft werden Beurteilungsbögen verwendet, welche dann visiert und im Personaldossier abgelegt werden.
Beurteilt werden die erbrachte Leistung, das Verhalten sowie das Erreichen von Zielen, welche für die Beurteilungsperiode gesetzt wurden.
Zielsetzung des Mitarbeitergesprächs ist u.a. Stärken der Mitarbeitenden zu fördern, Schwächen gezielt anzugehen, Weiterbildungsbedarf festzustellen und Personalentwicklung (Karriereplanung) zu fördern. Es wird eine neue **Zielvereinbarung** getroffen.
Beim Beurteilungsgespräch muss klar werden, in welchem Mass die Mitarbeiterin, der Mitarbeiter die Erwartungen und Ziele erfüllt hat.
Deshalb müssen Ziele immer so formuliert sein, dass sie beeinflussbar, wesentlich, motivierend, erreichbar und messbar sind.

Beispiel Höhe des Umsatzes, Anzahl Verkäufe, Anzahl Verkaufsgespräche, Kundenbesuche, Anzahl Fehltage, Verspätungen usw.

Erfüllt eine Person die Erwartungen in Bezug auf Verhalten oder Leistung gar nicht, kann als Konsequenz eine Verwarnung, die Androhung der Kündigung oder eine Entlassung folgen.

Erfüllt eine Person die Erwartungen oder übertrifft sie diese, sollte über die Weiterentwicklung, d.h. die gemeinsame Zukunftsplanung oder auch über den Lohn gesprochen werden.

Beispiel Weiter- und Fortbildung, Versetzung resp. eine Beförderung oder Geldzahlungen z.B. in Form einer Einmalzulage oder einer Lohnerhöhung.

A E-Aufgabe 11, W-Aufgabe 15

7.2.4 Personalentwicklung

Personalentwicklung umfasst alle Massnahmen der Schulung (= bildungsbezogene Massnahmen) und Förderung (= stellenbezogene Massnahmen) der Mitarbeitenden.

Ausgehend von der Beurteilung im Mitarbeitergespräch (MAG) und den Zielvereinbarungen wird festgelegt, welche Kompetenzen die Mitarbeiterin respektive der Mitarbeiter zusätzlich erwerben, oder welche Stärken gefördert werden sollen respektive an welchen Schwächen Mitarbeitende arbeiten müssen.

Aus Sicht der Angestellten bedeutet Personalentwicklung Entfaltung des eigenen Potenzials und persönliche Sinnfindung. Entwicklung steigert die **Motivation** und die **Arbeitszufriedenheit** jedes einzelnen. Zudem nimmt die Wahrscheinlichkeit zu, dass man weiterhin ins **Mitarbeiterportfolio** des Unternehmens passt, weil man auch zukünftige Anforderungen meistern kann.

Unternehmen ihrerseits profitieren davon, dass motivierte und zufriedene Mitarbeitende bessere Leistungen erbringen und z.B. weniger häufig krank sind.

Die notwendigen Kompetenzen erwerben Mitarbeitende mittels Ausbildung (Grundbildung zur Kauffrau, zum Kaufmann), **Weiterbildung** (Fähigkeiten erhalten, um gleichen Job weiterhin ausüben zu können, z.B. mit neuer Software arbeiten lernen) und Fortbildung oder Umschulung (neue Kompetenzen erlernen, um höher qualifizierte oder andere Arbeiten zu übernehmen).

Beispiel Ein Lehrbetrieb bietet den Lernenden mit guten betrieblichen und schulischen Leistungen z.B. an, Niveaukurse in Sprachen, Informatik oder Rechnungswesen zu besuchen.

A E-Aufgabe 12

7.3 Personalaustritte

Bei einem Personalaustritt kann das Ende des Arbeitsverhältnisses verschiedene Gründe haben:
- Ordentliche Pensionierung
- Tod eines Arbeitnehmers
- Ablauf bei befristeten Arbeitsverhältnissen
- Kündigung durch Mitarbeitende
- Kündigung durch Unternehmen
- Im gegenseitigen Einvernehmen

Personalwesen

Bei einer **ordentlichen Pensionierung** erreichen Mitarbeitende das Rentenalter von 65 resp. 64 Jahren für Frauen. Die Mitarbeitenden werden dadurch bei der AHV-Ausgleichskasse resp. der Pensionskasse rentenberechtigt. Dies muss administrativ bearbeitet werden.

Befristete Arbeitsverhältnisse enden automatisch mit deren Ablauf, so wie z.B. der Lehrvertrag.

Bei **Kündigung durch den Mitarbeitenden** muss die Kündigung geprüft werden und allenfalls eine Abrechnung über noch nicht bezogene Ferien oder Überstunden erstellt werden. Auch dieser Austritt muss der Ausgleichskasse resp. der Pensionskasse gemeldet werden. In der Regel wird ein Austrittsgespräch geführt, um die genauen Gründe zu erfahren und dem Mitarbeitenden ein letztes Feedback zu geben.

→ R&S Kapitel 10

Bei **Kündigung durch das Unternehmen** muss die Kündigung rechtlich korrekt verfasst und dem Mitarbeitenden zugestellt werden. Gründe für Kündigung können im Verhalten oder den Leistungen der Person liegen, oder es sind wirtschaftliche Gründe, welche ein Unternehmen dazu bewegen, den Personalbestand zu reduzieren. Ausser bei der ordentlichen Pensionierung muss ein Arbeitszeugnis ausgestellt werden. Dies entweder als Arbeitsbestätigung oder als Vollzeugnis.

Lösung Einführungsfall

Das Unternehmen muss einen Bedarf haben, den es intern decken will. Das heisst, es muss eine Stelle frei sein, für welche Thomas Kübler der passende Bewerber ist. Thomas müsste sich bewerben und die Anforderungen an die Stelle erfüllen, z.B. die Lehre erfolgreich abgeschlossen und im Betrieb einen sehr guten Eindruck hinterlassen haben. Er müsste sich gegebenenfalls im Rekrutierungsverfahren gegen andere Bewerber und Bewerberinnen durchsetzen. Nebst einem guten Fähigkeitszeugnis könnte er sich durch überdurchschnittlichen Einsatz während der Lehrzeit und sehr gute Beurteilungen, die in den Jahresgesprächen festgehalten wären, auszeichnen.

A E-Aufgaben 16 und 17

Leistungsziele

1.5.2.5 Personalwesen

Ich beschreibe die folgenden grundlegenden Elemente des Personalmanagements und erläutere die Bedeutung für meine persönliche Berufsentwicklung und Leistungsfähigkeit:
- Personalbedarf (Stellenbeschreibung)
- Personalrekrutierung (Interview, Assessment)
- Personaladministration
- Personalhonorierung
- Personalbeurteilung (Zielvereinbarung, MAG)
- Personalentwicklung (Weiterbildung, Portfolio)
- Personalaustritt

E 7.1 Planung des Personalbedarfs und Rekrutierung

1. Ziel des Personalmanagements

Formen Sie aus den folgenden Satzteilen und Wörtern die Zielsetzung für gutes Personalmanagement.

im Unternehmen behalten	Weiterentwicklung ermöglichen
Leistung fair honorieren	richtige Anzahl Mitarbeitende
passende Qualifikationen	beschäftigen

....

....

....

2. Elemente des Personalmanagements

Bringen Sie die folgenden Sätze aus Sicht eines Unternehmens in die logisch richtige Abfolge. Notieren Sie dazu die Begriffe in Klammern in die Kästchen.

a) Das Unternehmen entlässt Mitarbeitende in Chur, weil diese Filiale wegen schlechten Umsatzzahlen geschlossen wird. (Personalaustritt)
b) Zwei Monate vor Eröffnung einer neuen Filiale in Chur sucht das Unternehmen per Inserat in der lokalen Presse nach einem Filialleiter resp. einer Filialleiterin. (Personalbedarf)
c) Die Stellenbeschreibung wird mit den Bewerberinnen und Bewerbern besprochen. Sie ist Bestandteil des Arbeitsvertrags und Grundlage der Zielvereinbarung für das erste Jahr. (Personalbeurteilung)
d) Es melden sich 50 interessierte Personen, von welchen 30 eine Bewerbung einschicken. Fünf Personen werden zum Gespräch eingeladen. (Personalrekrutierung)
e) Lohn bezahlt das Unternehmen im branchenüblichen Rahmen, wobei ein Teil des Lohns umsatzbezogen als Provision ausbezahlt wird. (Personalhonorierung)
f) Vor Eröffnung der Filiale wird im Hauptgeschäft in Basel eine Einführung durchgeführt. Nebst der Schulung in firmeneigener Software soll die Unternehmensphilosophie vermittelt werden. (Personalentwicklung)
g) Vorausgesetzt die Zusammenarbeit gestaltet sich erfreulich, ist vorgesehen, dass eine Weiterbildung in Unternehmensführung finanziell unterstützt wird. (Personalentwicklung)

Ablauf	Elemente des Personalmanagements
Schritt 1	
Schritt 2	
Schritt 3	
Schritt 4	
Schritt 5	
Schritt 6	
Schritt 7	

Personalwesen

3. Planung des Personalbestands und Rekrutierung

Vervollständigen Sie die folgende Struktur, indem Sie die Felder, welche mit einem «?» versehen sind, mit den passenden Stichworten ausfüllen.

Personalplanung			
Ziele:			
?			
?			

	Personalrekrutierung			
	?		?	
	Interne Suche	?	Interne Suche	?
Definition	Mitarbeitende leisten Mehrarbeit.	?	?	?
Vorteile	?	Bedarf kann rasch gedeckt werden.	?	?
Nachteile	▪ Überbelastung der Mitarbeitenden ▪ Eventuell demotivierend	?	?	?

4. Ablauf bei externer Rekrutierung

Ergänzen Sie die folgende Grafik.

a) Zählen Sie die Bestandteile einer Stellenbeschreibung auf.
b) Zählen Sie auf, welche Unterlagen bei einer Bewerbung eingereicht werden müssen.

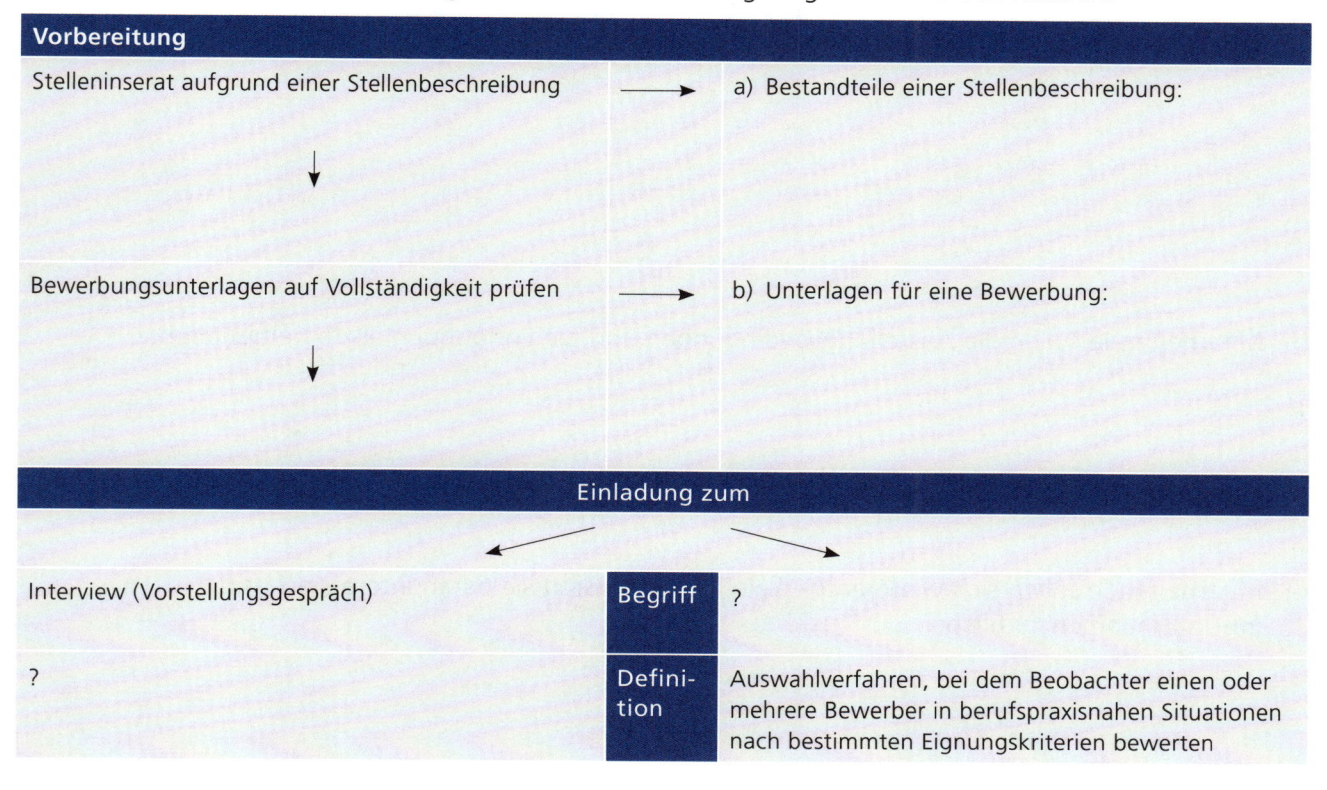

Vorbereitung	
Stelleninserat aufgrund einer Stellenbeschreibung ⟶	a) Bestandteile einer Stellenbeschreibung:
↓	
Bewerbungsunterlagen auf Vollständigkeit prüfen ⟶	b) Unterlagen für eine Bewerbung:
↓	

Einladung zum		
Interview (Vorstellungsgespräch)	Begriff	?
?	Definition	Auswahlverfahren, bei dem Beobachter einen oder mehrere Bewerber in berufspraxisnahen Situationen nach bestimmten Eignungskriterien bewerten

Personalwesen

W 7.1 Planung des Personalbedarfs und Rekrutierung

5. Ziele des Personalmanagements

Notieren Sie jeweils zwei Gründe, weshalb ein Unternehmen folgende Ziele verfolgt.

a) Mitarbeitende sollen die richtige Qualifikation haben für die Stelle, die sie besetzen.

b) Mitarbeitende sollen die Anstellungsbedingungen und die Entlöhnung als fair empfinden.

c) Mitarbeitende sollen sich weiterentwickeln können, damit sie daran interessiert sind, im Unternehmen zu bleiben.

d) Das Unternehmen will ein gutes Image als Arbeitgeber haben.

6. Personalrekrutierung

Nachfolgend sind Situationen beschrieben, bei welchen ein Personalbedarf entsteht. Leiten Sie für Nr. 1 und 2 jeweils eine oder zwei sinnvolle Massnahmen ab und kreuzen Sie an, wie der Bedarf gedeckt wird. Für Nr. 3 suchen Sie nach einer passenden Situation.

Nr.	Situation	Massnahme	Kurzfristiger Personalbedarf		Langfristiger Personalbedarf	
			Interne Suche	Externe Suche	Interne Suche	Externe Suche
1	In der Abteilung C ist eine Mitarbeiterin krank. Sie wird voraussichtlich einen Monat fehlen.		☐	☐	☐	☐
2	Die Abteilungsleiterin verlässt auf eigenen Wunsch das Unternehmen. Ihre Kündigungsfrist beträgt sechs Monate.		☐	☐	☐	☐
			☐	☐	☐	☐
3		Befristeter Einsatz einer temporären Arbeitskraft	☐	☐	☐	☐

E 7.2 Betreuung während des Anstellungsverhältnisses

7. Personaladministration

Umschreiben Sie, was die folgenden Begriffe im Rahmen der Personaladministration beinhalten, und geben Sie Beispiele an.

Begriff	Umschreibung, Beispiel
Lohnwesen	
Präsenz- und Fehlzeiten	
Ferien	
Personaldossiers	
Korrespondenz	

8. Lohnarten

a) Ordnen Sie folgende Lohnarten der jeweils richtigen Beschreibung zu.

Zeitlohn   Provision   Naturallohn   Gratifikation
Akkordlohn   Prämienlohn   Erfolgsbeteiligung

Beschreibung	Lohnart
Lohn, der mit einer grösseren Anzahl gefertigter Stück zunimmt.	
Vergütung, die freiwillig aus einem Sonderanlass ausbezahlt wird.	
Nicht geldwerte Vergütung	
Vertraglich vereinbarter Monatslohn	
Entschädigung, die bezahlt wird, wenn der Mitarbeitende das vertraglich vereinbarte Ziel erreicht.	
Vertraglich vereinbarte Beteiligung am gesamthaft erwirtschafteten Gewinn oder Umsatz	
Lohn bestehend aus einer Entschädigung für die zeitliche Anwesenheit und für das Erreichen vertraglich vereinbarter Ziele	

b) Nennen Sie die Fachbegriffe für die im Folgenden beschriebenen Lohnarten. Begründen Sie Ihre Antworten.

1) Philipp Nüsseler erhält als Lernender im 2. Lehrjahr einen Bruttolohn von CHF 1050 pro Monat.

2) Zum 50. Jubiläum des Unternehmens erhalten alle 150 Mitarbeitenden CHF 100 geschenkt.

3) Das Team, in welchem Stephanie Mäder als Lernende arbeitet, hat die Umsatzziele erreicht. Auch Stephanie Mäder erhält CHF 50 zusätzlich zum Lohn ausbezahlt.

4) Die Hauswartsfamilie wohnt vergünstigt in der Dienstwohnung in einem Nebengebäude.

5) Bauer Norbert Engler bezahlt bei der Kirschenernte nach kg geerntete Früchte. Jeden Abend rechnet er mit den Pflückerinnen und Pflückern ab.

6) Die Unternehmungsführung erhält sie, wenn die im Voraus festgelegten Gewinnziele am Jahresende erreicht worden sind.

7) Jedes Jahr erhalten alle Angestellten einen Gutschein über CHF 50 für den Einkauf unternehmenseigener Produkte.

8) Zum 10-jährigen Dienstjubiläum erhalten die Angestellten eine Goldmünze geschenkt.

Personalwesen

9) Die Bankangestellten erhalten ihn jeweils am 25. des Monats auf das Bankkonto gutgeschrieben.

....

10) Das Geschäft bezahlt das Handy-Abonnement, welches eine Flatrate beinhaltet. Das Smartphone darf auch privat genutzt werden.

....

....

11) Nach massiven Umsatz- und Gewinneinbussen im letzten Jahr fehlt dieses Entgelt.

....

....

12) Ein Maurer erhält ihn je Quadratmeter korrekt gemauertes Stück Wand.

....

13) Nebst dem Monatslohn erhält das Verkaufspersonal jeden Monat eine Vergütung, wenn die vorgegebenen Umsatzziele erreicht worden sind.

....

....

c) Ordnen Sie die Begriffe: «Zeitlohn» und «Akkordlohn» den folgenden Grafiken zu. Begründen Sie Ihre Wahl.

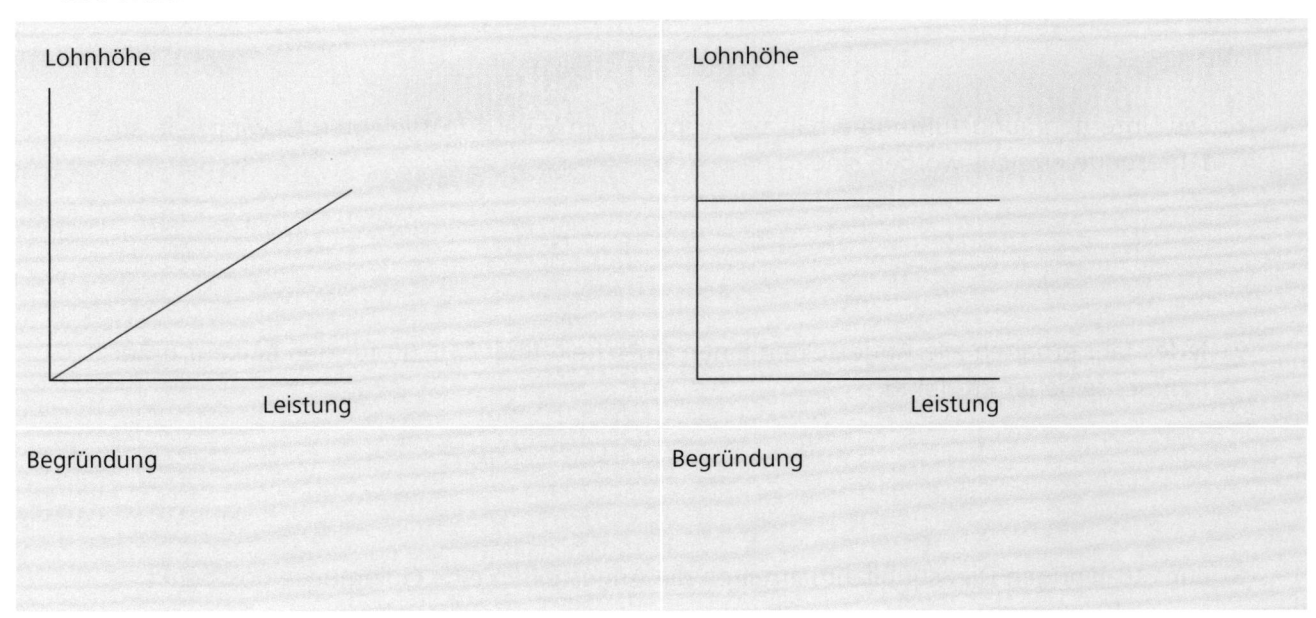

Lohnhöhe (steigend mit Leistung)	Lohnhöhe (konstant bei Leistung)
Begründung	Begründung

d) Bestimmen Sie für die folgenden Lohnarten, wonach sich die Höhe des Lohns richtet (= Bemessungsgrundlage).

Lohnart	Bemessungsgrundlage
Zeitlohn	
Akkordlohn	
Provision	
Prämie	
Erfolgsbeteiligung	
Gratifikation	

e) Notieren Sie zu jeder der folgenden Situationen einen Vorteil der Lohnart für die Arbeitnehmenden.

Situation	Vorteil Arbeitnehmende
Marco Stilo arbeitet als Krankenpfleger im Spital. Er wird im Monatslohn bezahlt.	
Petra Steiner arbeitet als Flachmalerin bei der Peter Roth GmbH. Für die Arbeit, welche sie jetzt ausführt, ist eine Sollzeit vereinbart. Unterschreitet sie diese, steigt der Lohn, weil sie mehr leisten kann.	
Maria Sharap ist Versicherungsmaklerin. Sie erhält nebst einem Monatslohn für jeden abgeschlossenen Versicherungsvertrag eine Prämie ausbezahlt.	

Personalwesen

f) In einem Vereinssekretariat müssen 12 000 Kuverts mit einem Protokoll der Vereinsversammlung, der Jahresrechnung und einem Einzahlungsschein bestückt, zugeklebt und mit Adresse versehen werden. Mit dieser Arbeit wird eine externe Person beauftragt. Soll diese Arbeit im Zeit- oder Leistungslohn bezahlt werden?
Nennen Sie Vor- und Nachteile der beiden Lohnarten aus Sicht des Vereins.

Lohnart	Vorteile	Nachteile
Zeitlohn		
Leistungslohn		

Welcher Leistungslohn wäre für diese Arbeit anwendbar?

....

Schlagen Sie je eine Massnahme vor, die sich eignet, um die Nachteile von Zeit- und Leistungslohn zu beheben.

Lohnart	Massnahme
Massnahme Zeitlohn	
Massnahme Leistungslohn	

9. «Angemessene» Löhne aus der Sicht verschiedener Anspruchsgruppen

a) Formulieren Sie für die folgenden Anspruchsgruppen deren Erwartung an gerechte Löhne, und begründen Sie deren Standpunkt.

Anspruchsgruppe	Forderung	Begründung
Mitarbeitende		

Betriebswirtschaftliche Zusammenhänge

Anspruchs-gruppe	Forderung	Begründung
Konkurrenz		
Gewerkschaften		
Eigenkapital-gebende		
Staat		
Öffentlichkeit, potenzielle Mitarbeitende		

b) Gemäss Bundesverfassung muss für gleichartige Arbeit der gleiche Lohn bezahlt werden. Dies ist auch als ein Gebot der «Gerechtigkeit» zu sehen.
Nennen Sie das Kriterium, mit dessen Hilfe man die Gleichartigkeit oder Unterschiedlichkeit von Arbeiten feststellt.

Personalwesen

10. Lohnbestandteile

Ordnen Sie die folgenden Faktoren den Lohnbestandteilen «Anforderungen an den Arbeitsplatz», «Sozialer Anteil» und «Individuell beobachtete Leistung» zu.

Alter
Ausbildungsanforderungen
Menge und Qualität der Arbeit
Führungsaufgaben
Verhalten und Teamfähigkeit
Zuverlässigkeit und Sorgfalt
Verantwortung
Familienstand
Arbeitsbedingungen

Lohnbestandteil	Faktoren
Arbeitsplatzanteil	
Sozialer Anteil	
Leistungsanteil	

11. Personalbeurteilung

Stellenbeschreibung

Aufgaben:
- Akquisition von Neukunden
- Pflege der bestehenden Kundenbeziehungen
- Beantworten und Erledigen von Interessenten- und Kundenanfragen
- Ausarbeiten von Offerten
- Nachfassen von Offerten
- Produkte- und Lösungsvorführungen für potenzielle und bestehende Kunden
- Führen der Interessenten- und Kundenkartei (mittels E-Sales)
- Tägliches Führen einer Pendenzen- und Terminkontrolle (mittels E-Sales)
- Mithilfe bei der Durchführung von Verkaufsförderungsmassnahmen
- Mithilfe (teilweise Organisation) bei der Vorbereitung/Durchführung von Ausstellungen
- Einhaltung der vom Marketing erarbeiteten Verkaufspreise und -konditionen

a) Formulieren Sie die ersten drei Aufgaben der Stellenbeschreibung so, dass eine individuelle Zielvereinbarung entsteht, welche als Grundlage für ein Mitarbeitergespräch dienen kann. Der Beurteilungszeitraum beträgt sechs Monate.

Zielvereinbarung:

....

....

....

....

Erklären Sie allgemein, was bei der Formulierung von Leistungszielen beachtet werden muss.

....

....

b) Erklären Sie allgemein, wer die Beurteilung der Zielerreichung vornimmt und wie Mitarbeitende erfahren, wie gut sie die Ziele erreicht haben.

....

....

Es wird nicht nur beurteilt, ob die Ziele der Leistungsvereinbarung erreicht worden sind. Nennen Sie zwei weitere Beurteilungsgegenstände.

....

....

c) Markieren Sie in der Stellenbeschreibung die Aufgaben, die sich dazu eignen, nicht allein von den Vorgesetzten beurteilt zu werden. Begründen Sie Ihre Wahl.

....

....

....

....

....

....

....

....

....

Personalwesen

d) Schlagen Sie vor, wie vorgegangen werden soll, wenn Mitarbeitende gute Leistungen erbringen, aber die gesetzten Ziele nicht erreicht haben.

....
....
....
....

12. Personalentwicklung

Erklären Sie, weshalb Personalentwicklung sowohl für Mitarbeitende wie auch für Unternehmen eine sogenannte Win-win-Situation darstellen, d.h. eine Situation, von welcher beide Seiten profitieren.

....
....
....
....
....
....

W 7.2 Betreuung während des Anstellungsverhältnisses

13. Lohnarten

a) Zählen Sie auf, welche Voraussetzungen gegeben sein müssen, damit ein Akkordlohn bezahlt werden kann.

....
....
....
....
....

b) Erklären Sie, weshalb ein Chirurg nicht im Akkordlohn bezahlt werden sollte.

....
....

c) Eine Mitarbeitende leistete im Monat Oktober folgende Akkordarbeiten:
   480 Stück zu je 14 Minuten Zeitgutschrift
   200 Stück zu je 21 Minuten Zeitgutschrift
   170 Stück zu je 8 Minuten Zeitgutschrift
   Der Lohnansatz beträgt CHF 18 pro Stunde.
   Berechnen Sie den Bruttolohn für den Monat Oktober.

   480 × 14 = 6720 Minuten
   200 × 21 = 4200 Minuten
   170 × 8 = 1360 Minuten
   Total = 12 280 Minuten = 204,67 Stunden
   Bruttolohn = 204,67 × CHF 18 = CHF 3684.–

d) Bei Coiffeure Benitissimo erhalten die Angestellten Coiffeure und Coiffeusen einen Monatslohn und Ende Monat jeweils individuell Provisionen. Im Dezember verteilen sie der Kundschaft Gutscheine für 20 % Rabatt auf Leistungen, welche die Kundschaft im Januar bezieht.
   Michelle Klauser bedient im Januar ausschliesslich Kundschaft, die Gutscheine einlöst. Ende Januar staunt sie nicht schlecht, als die Chefin ihr 20 % von der Provision abzieht. Sie ist der Ansicht, dass das nicht korrekt ist. Erklären Sie, weshalb sich Michelle Klauser irrt.

e) Notieren Sie zu jeder der folgenden Situationen einen Vorteil der Lohnart für den Arbeitgebenden.

Situation	Vorteil Arbeitgebende
Das Pflegefachpersonal eines Privatspitals erhält Monatslöhne ausbezahlt.	
Zu speziellen Anlässen bezahlt das Unternehmen Gratifikationen.	
Für jeweils 50 positive Rückmeldungen von Kunden erhält das Verkaufspersonal eine Provision ausbezahlt.	
Das Unternehmen erlaubt den privaten Gebrauch der Geschäftsfahrzeuge.	
Die Mitarbeitenden erhalten mehr Lohn, je mehr Kirschen sie in einer Stunde ernten.	

Personalwesen

14. Personalrekrutierung und Lohnarten

Ein Unternehmen, welches zahnmedizinische Produkte herstellt und diese direkt an Zahnärztinnen und Zahnärzte absetzt, will neu die Westschweiz bearbeiten.
Dafür wird eine neue Aussendienstmitarbeiterin oder ein neuer Aussendienstmitarbeiter angestellt.
Bei der Rekrutierung soll ausser auf einwandfreie Sprachkenntnisse auch auf Kenntnisse im Medizinalbereich, auf Berufserfahrung als Aussendienstmitarbeitende/-r sowie auf Zuverlässigkeit, Entscheidungsfreudigkeit und Selbstständigkeit geachtet werden.
Dazu muss die Person ein gewinnendes äusseres Erscheinungsbild abgeben, sicher auftreten und eine gute Gesprächskultur im Interview beweisen.
Sie muss pünktlich und entsprechend der ihr mit der Einladung zugestellten Unterlagen gut vorbereitet kommen.

a) Es gehen 30 Bewerbungen ein. Sie erhalten den Auftrag, die Bewerbungen zu sortieren und unvollständige Bewerbungsunterlagen wegzulegen. Zählen Sie auf, was vollständige Bewerbungsunterlagen beinhalten müssen.

b) Unvollständige Bewerbungen werden mit einem Absagebrief zurückgeschickt. In welcher Abteilung wird diese Arbeit erledigt?

c) Nachdem die Vorgesetzte fünf Bewerbungen ausgesucht hat, sollen die Bewerberinnen und Bewerber zum Interview eingeladen werden. Sie bereiten die Briefe und die Unterlagen vor. Zählen Sie auf, welche Dokumente Sie beilegen.

d) Ihre Vorgesetzte möchte wissen, wie Sie sich den Ablauf des Interviews vorstellen. Zählen Sie einen Ablauf auf, bei welchem die Personen, die «sprechen», abwechseln.

e) Die Hauptaufgabe besteht darin, alle Zahnärztinnen und Zahnärzte in den drei Kantonen zu besuchen, das Unternehmen und die Produkte vorzustellen, eine Kundenbeziehung aufzubauen und die Produkte zu verkaufen. Alle Zahnärztinnen und Zahnärzte sollen möglichst rasch ein erstes Mal besucht werden. Bestellungen und Tätigkeitsberichte werden per Internet «nach Basel in die Zentrale geschickt». Der vertragliche Lohnvorschlag des Unternehmens lautet wie folgt:
Grundlohn CHF 3600 monatlich
Zusätzlich für jeden fünften Arztbesuch pro Tag CHF 200 Prämie und 5% Provision je CHF 2500 Tagesumsatz.

1) Bestimmen Sie die Lohnarten in diesem Vorschlag.

2) Erklären Sie, welche Ziele mit den beiden Leistungslohnbestandteilen verfolgt werden.

3) Erklären Sie, weshalb auch ein Zeitlohn bezahlt wird.

15. Personalbeurteilung

Schildern Sie, wie in Ihrem Lehrbetrieb die Personalbeurteilung abläuft, oder wie Sie es gern haben möchten. Gehen Sie folgenden Leitfragen nach:
- Findet ein Beurteilungsgespräch mit Zielvereinbarung statt?
- Wie oft?
- Wer führt es durch?
- Wie lange dauert es?
- Werden Dokumente erstellt?
- Waren Sie zufrieden mit dem Ablauf?
  - Wenn ja, was hat Ihnen gut gefallen?
  - Wenn nein, was würden Sie anders machen?

E 7.3 Personalaustritte

16. Austrittsgründe

a) Vervollständigen Sie die folgende Darstellung mit den fehlenden Austrittsgründen.

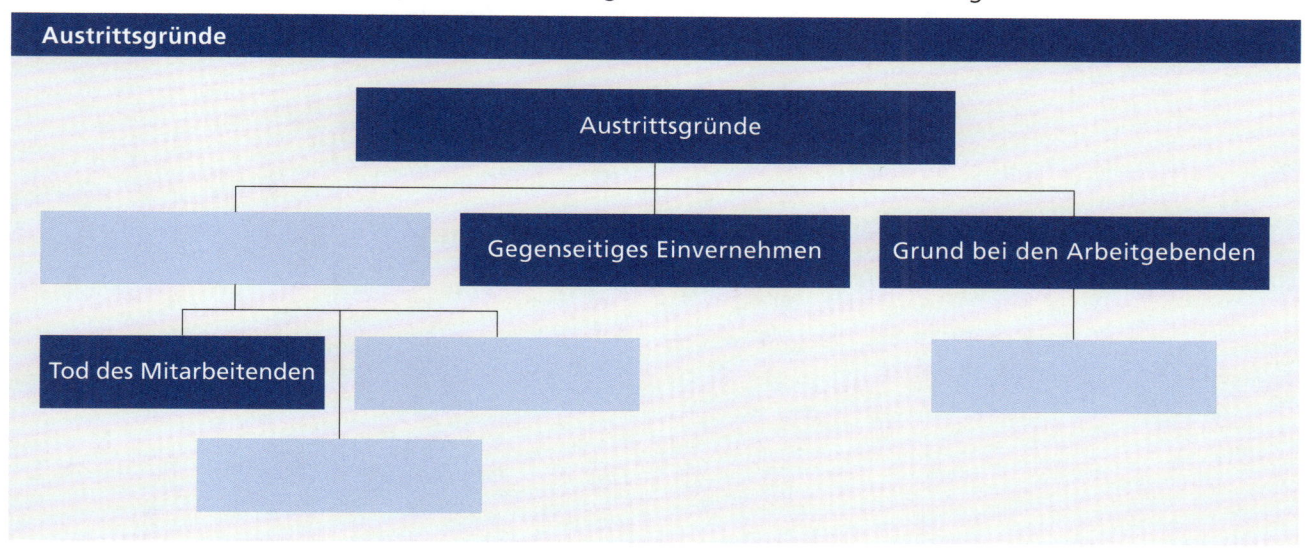

Austrittsgründe

- Austrittsgründe
  - [Grund bei den Arbeitnehmenden]
    - Tod des Mitarbeitenden
    - [ ]
      - [ ]
  - Gegenseitiges Einvernehmen
  - Grund bei den Arbeitgebenden
    - [ ]

b) In der Übersicht von a) fehlt ein Austrittsgrund. Nennen Sie ihn und erklären Sie, weshalb er oben fehlt.

....

....

....

17. Personalaustritte

Ergänzen Sie die folgende Tabelle mit den zutreffenden Austrittsgründen.

Ereignis	Austrittsgrund
Petra Berger verlässt das Unternehmen auf eigenen Wunsch per 31.5.	
Mirko Savic sucht nach der Lehre eine neue Stelle.	
Marthe Kleiner feiert ihren 64. Geburtstag.	
Roger Gschwind wird dabei erwischt, wie er für CHF 100 Briefmarken entwendet.	

8 Betriebswirtschaftliche Zusammenhänge
Risiken, Versicherungen und Vorsorge

Inhaltsverzeichnis

		Theorie	Aufgaben
8.1	Risiken	68	80
8.2	Arten von Versicherungen	72	85
8.3	Vorsorge	78	97

Leistungsziele 79

8 Risiken, Versicherungen und Vorsorge

Einführungsfall

Mirco Zilic wird vor dem Schulhaus das teure Mountainbike gestohlen.
Sabrina Baumeister, kaufmännische Lernende im 2. Lehrjahr, verunfallt beim Mountainbiken im Wald, als sie einen Stein übersieht und stürzt. Sie kann zwei Monate lang nicht arbeiten.
Peter Pfister fährt bei regennasser Strasse zu schnell in eine Kurve und kollidiert mit der Leitplanke, die stark beschädigt wird. Sein neuer VW GTI landet auf dem Dach und erleidet Totalschaden. Er selbst bleibt wie durch ein Wunder unverletzt.
Bleiben Mirco Zilic, Sabrina Baumeister und Peter Pfister finanziell ohne Schaden? Wie begründen Sie Ihre Antworten?

8.1 Risiken

Risiken sind **Gefahren**, denen man ausgesetzt ist. Diese sind vielfältig: Menschen können erkranken, verunfallen, die Arbeit verlieren, jemandem etwas kaputt machen, bestohlen werden usw.

A E-Aufgabe 1

8.1.1 Umgang mit Risiken

Risiken ist man immer ausgesetzt, und zum Teil sind sie gut erkennbar. Das bedeutet aber nicht, dass es auch zu einem Schadenereignis kommt, denn ein Schaden im versicherungstechnischen Sinn tritt immer plötzlich und ungeplant ein.

Beispiel Wer im Wald mit dem Mountainbike fährt, kann stürzen und sich verletzen. Wer mit dem Auto fährt, kann einen Unfall verursachen und damit Dritte schädigen. Wer schwer erkrankt, braucht ärztliche Hilfe.

Ein bewusster Umgang mit Risiken, **Risikomanagement** genannt, ist auf jeden Fall zu empfehlen. Dabei geht es zunächst darum, dass man in einer Situation das **Risiko erkennt** und die möglichen Folgen bewertet und dann entscheidet, ob man das **Risiko vermeiden** will, oder zumindest überlegt, wie man das **Risiko vermindern** kann. Sind die finanziellen Folgen nicht selbst tragbar oder besteht eine Versicherungspflicht, muss man das **Risiko überwälzen**. Andere als finanzielle Folgen eines Risikos muss man immer selbst tragen.

Risikomanagement

Ziel bestimmen
Beispiel: Mountainbike fahren im Wald

↓

Risiko erkennen und bewerten
Beispiel: Unfallgefahr – mit welcher Tragweite und wie wahrscheinlich?

↓

Risiko vermeiden
Beispiel: nicht Mountainbike fahren

↓

Risiko vermindern
Beispiel: Helm tragen und vorsichtig fahren

↓

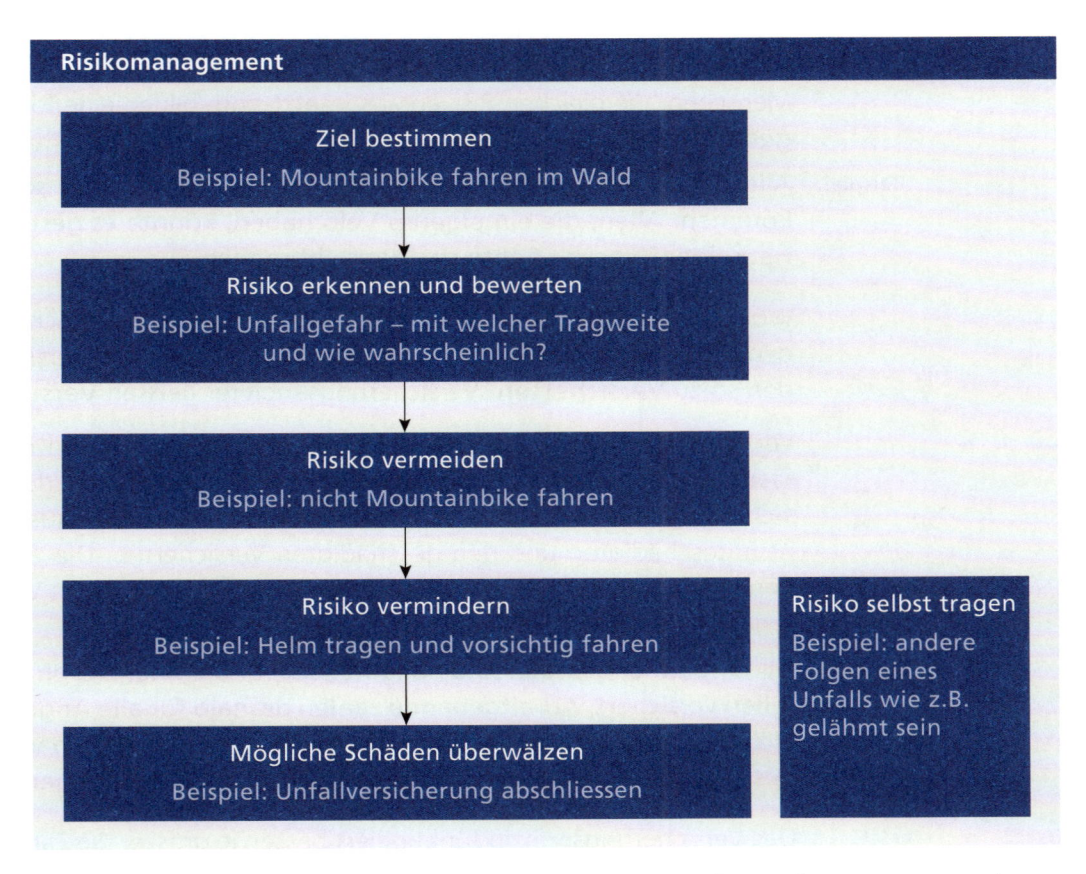

Mögliche Schäden überwälzen
Beispiel: Unfallversicherung abschliessen

Risiko selbst tragen
Beispiel: andere Folgen eines Unfalls wie z.B. gelähmt sein

Es geht also darum, sich risikobewusst zu verhalten, Risiken selbst zu tragen oder zu überwälzen.

A E-Aufgabe 2, W-Aufgabe 5

8.1.2 Risiken und mögliche finanzielle Schäden

Personen, Vermögen oder Gegenstände sind unterschiedlichen Risiken ausgesetzt. Wenn etwas passiert, entstehen finanzielle Schäden an Einkommen oder Vermögen.

Personenschäden

Risiken	Finanzieller Schaden
Krankheit, Unfall, Invalidität, Arbeitslosigkeit, Tod	Kosten für medizinische Behandlung, vorübergehender oder dauernder Lohnausfall, finanzielle Probleme für Hinterlassene

Schäden am eigenen Vermögen

Risiken	Finanzieller Schaden
Man verursacht Schäden am Eigentum anderer oder schädigt andere Personen.	Zahlung von Geldforderungen, Kosten für Eigentumsbeschädigung, Personenschäden (Heilungskosten etc.)

Sachschäden

Risiken	Finanzieller Schaden
Beschädigung oder Diebstahl eigener Gegenstände	Wertverlust oder Untergang des Sachwerts

A E-Aufgabe 3

Risiken, Versicherungen und Vorsorge

8.1.3 Versicherungsprinzip

Menschen, die gleichen Risiken ausgesetzt sind, bilden eine **Risiko-** oder **Gefahrengemeinschaft**.

Beispiel Alle Arbeitnehmenden könnten die Stelle verlieren und somit das Erwerbseinkommen. Allen, die ein eigenes Velo haben, könnte es gestohlen werden. Allen Hauseigentümern könnte das Haus abbrennen.

Wollen Mitglieder einer Gefahrengemeinschaft mögliche Schäden an Versicherungen überwälzen, schliessen sie Versicherungsverträge ab. Versicherungsnehmer werden so zu **Versicherten**. Versicherungsanbieter heissen **Versicherer**.

Versicherte bezahlen im Voraus **Versicherungsprämien** an die Versicherer. Diese «sammeln» das Geld aller Versicherten und können damit den Geschädigten **Versicherungsleistungen** auszahlen. Es gibt so einen **Risikoausgleich** zwischen den nichtgeschädigten und den geschädigten Versicherten. Die nichtgeschädigten zeigen sich also **solidarisch** (verbunden) mit den geschädigten Versicherten, denn sie erhalten kein Geld zurück.

Beispiel Alle Arbeitnehmenden sind obligatorisch für die finanziellen Folgen von Berufsunfällen versichert. Arbeitgebende zahlen deshalb für alle Angestellten Prämien. Da eine wesentlich kleinere Zahl Arbeitnehmende tatsächlich verunfallen, ist sichergestellt, dass diese Versicherungsleistungen erhalten können.

Das Versicherungsprinzip funktioniert besser, je grösser die Zahl der Versicherten für ein bestimmtes Risiko ist und je mehr Versicherte Prämien bezahlen und keine Leistung beziehen. Das Prinzip funktioniert schlechter, wenn es nur wenige Versicherte gibt oder wenn viele Versicherte aus Schadenfällen Leistungen beziehen. In der Regel steigen dann die Prämien für alle Versicherten, da der Risikoausgleich nicht mehr funktioniert.

Beispiel Weil die Gesundheitskosten stetig steigen, nehmen auch die Krankenkassenprämien laufend zu. Hier funktioniert der Risikoausgleich immer schlechter.

Betriebswirtschaftliche Zusammenhänge

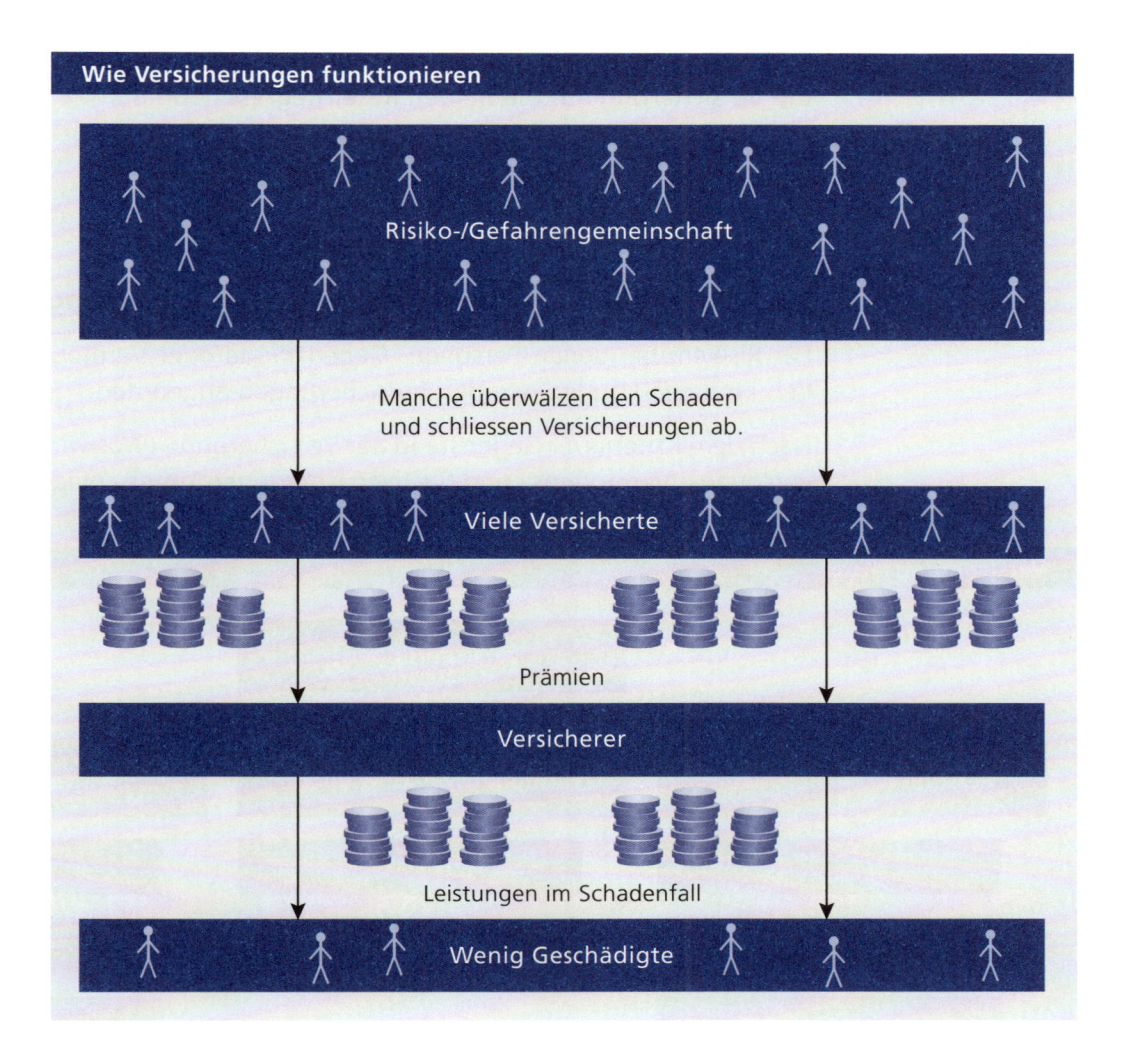

Wie Versicherungen funktionieren

Risiko-/Gefahrengemeinschaft

Manche überwälzen den Schaden und schliessen Versicherungen ab.

Viele Versicherte

Prämien

Versicherer

Leistungen im Schadenfall

Wenig Geschädigte

Grundsätzlich erhält ein Geschädigter also Geld vom Versicherer. Es gibt zwei Situationen, in denen der Versicherte mit Leistungskürzungen oder mit einer Rückerstattung der vom Versicherten bereits erbrachten Leistungen rechnen muss.

Erstens kann ein Versicherer die Versicherungsleistungen kürzen oder ganz verweigern, wenn der Versicherte ein sogenanntes Wagnis eingegangen ist, also etwas Unsicheres und Gefährliches getan hat oder übliche Regeln und Vorsichtsgebote auf schwerwiegende Art nicht beachtet hat.

Beispiel Zu den Sportarten, die als Wagnis gelten, zählen u.a. Downhill-Biken auf Zeit, akrobatische Sprünge mit dem Fahrrad, Motorrad- und Motorbootrennen, Auto-Rallys, Basejumping, Quadrennen, Rollbrettabfahrten mit Geschwindigkeit sowie Tauchen in einer Tiefe von mehr als 40 Metern.

Zweitens kann der Versicherer die Leistungen, die er einem Geschädigten ausbezahlt hat, vom Schadenverursacher zurückfordern, wenn dieser den Schaden grobfahrlässig, absichtlich oder z.B. unter Einfluss von Drogen verursacht hat. Dieser Vorgang heisst **Regress** (Rückgriff) nehmen.

Beispiel Bei einer Verfolgungsjagd rasen zwei Autofahrer mit 100 km/h durch ein Dorf. Sie missachten ein Rotlicht und kollidieren mit zwei unbeteiligten Autos. Die Autos erleiden Totalschaden, die Beteiligten zum Teil schwere Verletzungen. Die Scha-

Risiken, Versicherungen und Vorsorge

densumme übersteigt eine Million Franken. Nach Abschluss aller Verfahren wird die Versicherung auf die beiden Raser Regress nehmen.

A E-Aufgabe 4, W-Aufgaben 6 und 7

8.2 Arten von Versicherungen

8.2.1 Personen-, Vermögens- und Sachversicherungen

Für Risiken, bei denen Personen, Gegenstände oder Vermögen finanziell zu Schaden kommen können, werden Versicherungen angeboten.

Nach dem Kriterium «Gegenstand der Versicherung» (Was wird versichert?) werden Personen-, Vermögens- und Sachversicherungen unterschieden. Es ergibt sich folgende Gliederung (alphabetisch geordnet).

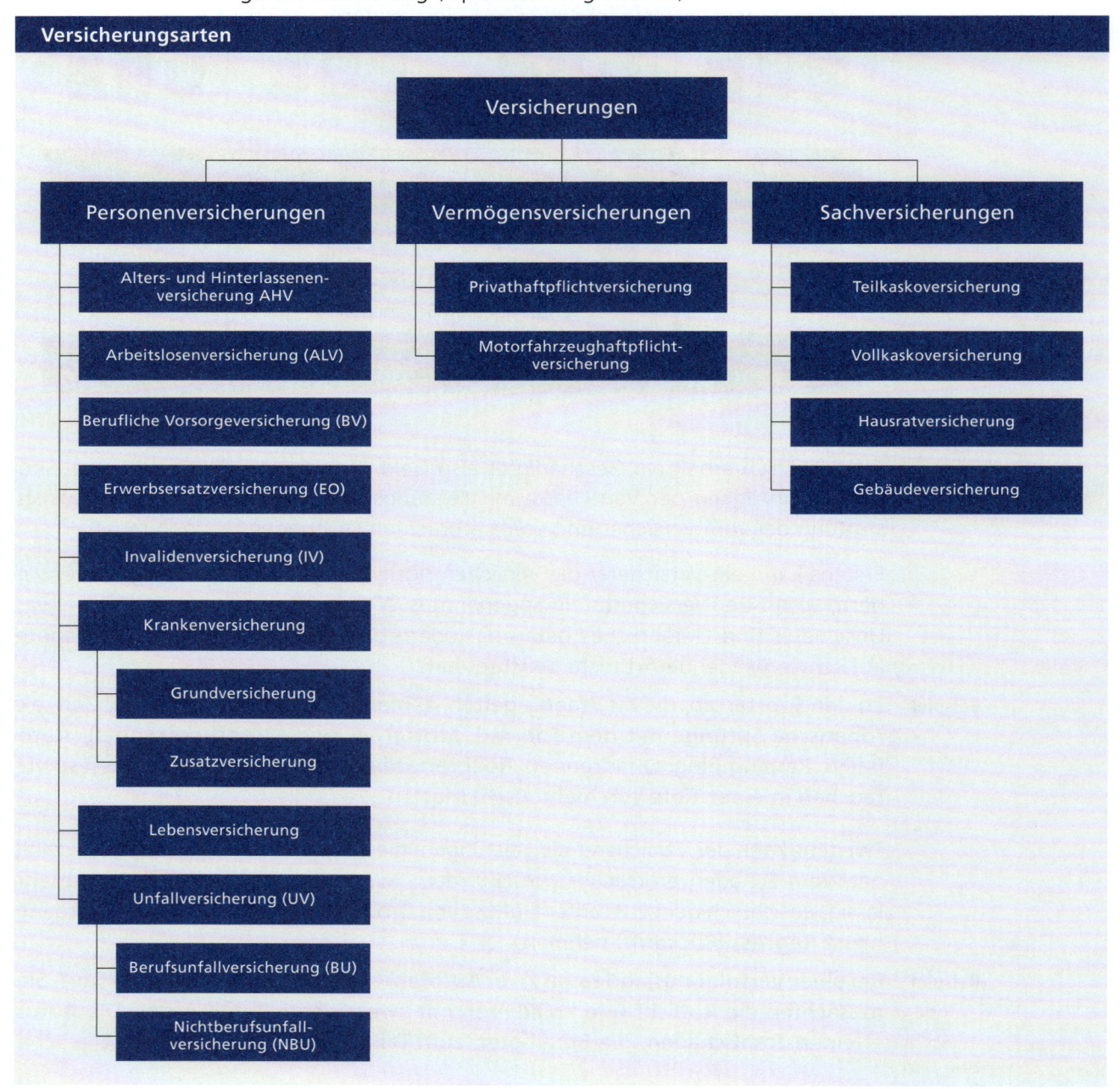

Versicherungsarten

- Versicherungen
  - Personenversicherungen
    - Alters- und Hinterlassenenversicherung AHV
    - Arbeitslosenversicherung (ALV)
    - Berufliche Vorsorgeversicherung (BV)
    - Erwerbsersatzversicherung (EO)
    - Invalidenversicherung (IV)
    - Krankenversicherung
      - Grundversicherung
      - Zusatzversicherung
    - Lebensversicherung
    - Unfallversicherung (UV)
      - Berufsunfallversicherung (BU)
      - Nichtberufsunfallversicherung (NBU)
  - Vermögensversicherungen
    - Privathaftpflichtversicherung
    - Motorfahrzeughaftpflichtversicherung
  - Sachversicherungen
    - Teilkaskoversicherung
    - Vollkaskoversicherung
    - Hausratversicherung
    - Gebäudeversicherung

Betriebswirtschaftliche Zusammenhänge

Für jede Versicherung lässt sich kurz umschreiben, welche Leistungen im Schadenfall erbracht werden. Für einige Versicherungen besteht die Pflicht, sie abzuschliessen, d.h., sie sind **obligatorisch**.

Personen kommen zu Schaden = Personenversicherungen		
Name der Versicherung	Leistungen (Was bezahlen die Versicherer?)	Obligatorisch für
Alters- und Hinterlassenenversicherung (AHV)	▪ Monatliche Rente bei Erwerbsausfall durch Pensionierung ▪ Rente an Hinterlassene bei Tod des Versicherten	▪ Erwerbstätige ab 1. Januar nach Vollendung des 17. Altersjahres ▪ Nichterwerbstätige ab Januar nach Vollendung des 20. Altersjahres
Invalidenversicherung (IV)	▪ Wenn möglich, monatliche Rentenzahlungen zur (Wieder-)Eingliederung in die Erwerbstätigkeit ▪ Renten zur Sicherung des Existenzgrundbedarfs	
Erwerbsersatzordnung (EO)	Zahlung des Verdienstausfalls während Militärdienst, Mutterschaft, J+S-Leiterkursen usw.	
Arbeitslosenversicherung (ALV)	Massnahmen zur Verkürzung der Arbeitslosigkeit, Zahlung von Taggeldern als Ausgleich für Erwerbsausfall	Erwerbstätige, welche bei der AHV versichert sind
Berufliche Vorsorge (BV)	Monatliche Rentenzahlung bei Erwerbsausfall durch Pensionierung	Erwerbstätige ▪ ab dem 18. Altersjahr für die Risiken Tod und Invalidität, ▪ ab dem 25. Altersjahr für die Altersvorsorge
Krankenversicherung ▪ Grundversicherung	Gesetzlich festgelegte Behandlungs- und Heilungskosten, die durch Krankheit entstanden sind	Alle Personen, die in der Schweiz leben
▪ Zusatzversicherung	Zusätzliche Kosten entstanden durch Krankheit (Behandlungs- und Beherbergungskosten)	–
Lebensversicherung	Kapital im Todesfall (= Risikoversicherung) des Versicherungsnehmers oder bei Erleben (= Erlebensfallversicherung)	–
Unfallversicherung (UV) ▪ Berufsunfallversicherung (BU)	Beheben oder Mindern der gesundheitlichen und wirtschaftlichen Folgen von Unfällen bei der Arbeit sowie Berufskrankheiten	▪ Erwerbstätige in der Schweiz ▪ Nichterwerbstätige über die Krankenversicherung
▪ Nichtberufsunfallversicherung (NBU)	Beheben oder Mindern der gesundheitlichen und wirtschaftlichen Folgen von Unfällen in der Freizeit und auf dem Arbeitsweg	Erwerbstätige mit einer Anstellung von über 8 Std. pro Woche beim gleichen Arbeitgeber

Alters- und Hinterlassenenversicherung

➔ **FWZ Kapitel 6**

- Während der Beitragszeit (44 Jahre für eine Vollrente) bezahlen Arbeitnehmende und Arbeitgebende abhängig von der Lohnhöhe Beiträge ein.
- Mit Erreichen des ordentlichen Rentenalters beginnt die Auszahlung der Monatsrente, die als Vollrente auf ein Minimum und ein Maximum begrenzt ist.

Risiken, Versicherungen und Vorsorge

Krankenversicherung
- Als Krankheit gilt jede Beeinträchtigung der körperlichen oder geistigen Gesundheit, die keine Unfallfolge ist und die medizinische Untersuchungen oder Behandlungen erfordert oder eine Arbeitsunfähigkeit zur Folge hat.
- Die Grundversicherung deckt Leistungen, die im Krankenversicherungsgesetz (KKG) festgelegt sind. Die Versicherten sind verpflichtet, einen Teil der Kosten selbst zu tragen, nämlich die Franchise und den Selbstbehalt. Die Franchise beträgt mind. 300 Franken und max. 2500 Franken. Sie kann jedes Jahr neu festgelegt werden. Je höher die Franchise, desto höher der Rabatt auf die Prämien.
- Ist die Franchise vom Versicherten voll bezahlt, übernimmt der Versicherte 10 % Selbstbehalt je Schadenereignis bis max. 700 Franken pro Jahr.
- Bei einem Spitalaufenthalt bezahlen die Versicherten zusätzlich 15 Franken je Tag. Ausgenommen sind Erwachsene unter 25 Jahren und Frauen bei Mutterschaft.
- Die Zusatzversicherung bietet weitere Leistungen an, wie bessere Spitalzimmer, zusätzliche Therapien und Medikamente.

Lebensversicherung
- Mit der Todesfall-Risikoversicherung will der Versicherte Hinterbliebene bei vorzeitigem Tod absichern. Die Prämien sind günstig, und die Leistung wird nur dann erbracht, wenn der Versicherte vor Ende der Laufzeit stirbt.

→ 8.3
- Mit der Erlebensfallversicherung wird für das Alter gespart. Die Prämien sind wesentlich höher als bei der Todesfallversicherung, aber es wird auf jeden Fall eine Versicherungssumme ausbezahlt, wenn der Versicherte bei Ende der Laufzeit noch lebt. Ist das Sparkapital gebunden, geniesst es die gleichen steuerlichen Vorteile wie das Banksparen 3a.
- Gemischte Lebensversicherungen sind die gebräuchlichste Form, nämlich eine Kombination aus Todesfall und Erlebensfallversicherung.

Unfallversicherung
- Als Unfall gilt gemäss Gesetz die plötzliche, nicht beabsichtigte schädigende Einwirkung eines ungewöhnlichen äusseren Faktors auf den menschlichen Körper, die eine Beeinträchtigung der körperlichen oder geistigen Gesundheit oder den Tod zur Folge hat.

Eigenes Vermögen kommt zu Schaden = Vermögensversicherungen		
Name der Versicherung	Leistungen (Was bezahlt die Versicherung?)	Obligatorisch für
Motorfahrzeug-Haftpflichtversicherung	Schäden an Dritten (Fahrzeug, Personen usw.), die durch einen selbst verschuldeten Unfall entstanden sind	Fahrzeughalter/-in
Privathaftpflichtversicherung	Schäden an Dritten (Sachen oder Personen), die man selbst verursacht hat oder für die man schadenersatzpflichtig wird	– (In vielen Kantonen: Hundehalter/-in)

Betriebswirtschaftliche Zusammenhänge

Sachen (Gegenstände) kommen zu Schaden = Sachversicherungen		
Name der Versicherung	Leistungen (Was bezahlt die Versicherung?)	Obligatorisch für
Hausratversicherung (Mobiliarversicherung)	Schäden an beweglichen Gegenständen in der Wohnung / im Haus, entstanden durch Feuer, Leitungswasser, Hagel, Diebstahl, Elementarschäden	–
Gebäudeversicherung	Schäden am eigenen Gebäude oder Grundstück, entstanden durch Feuerschäden (Feuer, Hitze, Explosion) oder Elementarschäden (ohne Erdbeben)	Hauseigentümer (ausser in den vier Kantonen GE, TI, AI, VS)
Teilkaskoversicherung	Schäden am eigenen Fahrzeug, entstanden durch **Elementarschäden** (Sturm, Hagel, Überschwemmung, Schnee, Erdbeben), Wildschäden	–
Vollkaskoversicherung	Schäden am eigenen Fahrzeug, entstanden durch eine selbst verschuldete Kollision	–

A E-Aufgaben 8 und 9, W-Aufgabe 14

8.2.2 Risikoverminderung – Anreiz für Versicherte

Versicherer sind daran interessiert, die Schadenzahlungen möglichst niedrig zu halten. Damit die Versicherten Risiken vermindern, sollen diejenigen belohnt werden, die keine Schäden anmelden. Die anderen werden an den Schäden beteiligt oder mit höheren Prämien bestraft.

Einfluss auf das Verhalten der Versicherten haben
- das Bonus-Malus-System
- der Selbstbehalt
- die Franchise

Versicherungstechnische Begriffe	
Bonus-Malus-System	Bei Motorfahrzeug-Haftpflichtversicherungen und Vollkaskoversicherungen sind Prämienstufensysteme üblich. Diese berücksichtigen schadenfreie Jahre (Prämienminderung/Bonus) bzw. Schäden (Rückstufung Bonus/evtl. Malus, wenn über 100% der Grundprämie).
	Für jedes schadenfreie Jahr erhält man einen Bonus in Prozenten der Grundprämie (100%) und zahlt weniger. Im Schadenfall erhöht sich die Prämie z.B. um vier Stufen (= Malus).
Selbstbehalt	Bei jedem Schadenereignis bezahlt der Versicherte einen Teil des Schadens selbst.
	Bei der Krankenversicherung müssen die Versicherten bis CHF 700 pro Jahr mind. 10% der Arzt- oder Spitalkosten selbst bezahlen. Bei einer Kaskoversicherung beträgt der Selbstbehalt je Schadenereignis einen bestimmten, im Voraus abgemachten Betrag.
Franchise	Eine andere Form der Kostenbeteiligung stellt die Franchise dar. Die Versicherten bestimmen selbst, wie viel der verursachten Kosten sie pro Jahr insgesamt selbst bezahlen wollen.
	Bei der Grundversicherung der Krankenkasse beträgt die jährliche Mindestfranchise für Erwachsene CHF 300 pro Jahr (Stand 2018). Wählt man eine höhere Franchise (Stufen bis max. CHF 2500), wird die Jahresprämie entsprechend günstiger.

A E-Aufgaben 10 und 11

Risiken, Versicherungen und Vorsorge

8.2.3 Sachversicherungen: Besonderheiten

Bei **Sachversicherungen** geht es um Gegenstände, deren Wert bei Beschädigung oder Diebstahl ersetzt werden soll. Die Höhe der Schadenzahlung hängt einerseits davon ab, ob der **Neu- oder der Zeitwert** versichert worden ist. Entsprechend wird im Schadenfall entweder der Wiederbeschaffungswert oder nur der Restwert erstattet.

Daneben muss der bei Vertragsabschluss angegebene Wert mit dem tatsächlichen Wert der Objekte zum Zeitpunkt des Schadens übereinstimmen. Beim Abschluss des Versicherungsvertrags gibt der Versicherte an, wie viel Wert die Gegenstände haben, die versichert werden sollen (den sogenannten versicherten Wert). Auf dieser Grundlage bezahlt der Versicherte Prämien. Stimmt diese Angabe nicht, kann eine **Über- oder Unterversicherung** vorliegen. Schliesst der Versicherte für das gleiche Risiko zwei Versicherungen ab, liegt eine **Doppelversicherung** vor.

Versicherungstechnische Begriffe	
Neuwert	Der Neuwert entspricht dem Wiederbeschaffungswert und ist bei Mobiliarversicherungen die übliche Leistungsbasis. Die Versicherung bezahlt so viel, wie zu einer Neuanschaffung nötig ist.
	Mirko Cilic erhält für das gestohlene Mountainbike von der Versicherung den Betrag ausbezahlt, für den er das Mountainbike neu kaufen kann.
Zeitwert	Der Zeitwert ist der Wert zum Zeitpunkt des Schadens (Neuwert minus Abnützung).
Überversicherung	Beim Abschluss der Versicherung wurde der Wert der Objekte überschätzt und zu hoch angegeben. Damit ist der versicherte Wert der Objekte höher als der tatsächliche Wert. Im Schadenfall wird nur der tatsächliche Wert ersetzt.
	Familie Huber gibt beim Abschluss einer Mobiliarversicherung an, dass ihr Hausrat CHF 105 000 wert sei (versicherter Wert). Der tatsächliche Wert beträgt aber CHF 50 000. Im Schadenfall würde Familie Huber max. CHF 50 000 ausbezahlt erhalten. Familie Huber hätte zudem über die Jahre zu hohe Prämien bezahlt.
Unterversicherung	Beim Abschluss der Versicherung wurde der Wert der Objekte unterschätzt und zu tief angegeben. Der tatsächliche Wert der Objekte ist also höher als der versicherte Wert. Im Schadenfall wird die Leistung prozentual gekürzt, weil immer vom versicherten Wert ausgegangen wird.
	Familie Petri gibt als versicherten Wert CHF 105 000 an. Ihr Hausrat ist aber tatsächlich CHF 140 000 wert. Entsprechend der prozentualen Unterversicherung wird die Leistung bei Total- oder Teilschäden immer um einen Viertel gekürzt. Bei einem Schaden am Mobiliar von CHF 80 000 würden Petris also CHF 60 000 erhalten. Lösungsweg: $$\text{Tatsächlich versicherter Wert} = \frac{\text{versicherter Wert}}{\text{tatsächlicher Wert}} = 75\%$$ Unterversicherung = 100 % − 75 % = 25 % Schadenzahlung = 75 % von CHF 80 000 = CHF 60 000

Versicherungstechnische Begriffe	
Doppelversicherung	Das gleiche Risiko wird für den gleichen Zeitraum bei verschiedenen Versicherern versichert. Im Schadenfall zahlt nur eine Versicherung.
	Die Hausratversicherung deckt Diebstahl von Fahrrädern ausser Haus bis zu einem bestimmten Betrag. Gleichzeitig wird für das Fahrrad eine Diebstahlversicherung abgeschlossen. Im Schadenfall kann nur von einer Versicherung die Leistung eingefordert werden.
	Es bestehen mehrere Reisekostenannullationsversicherungen (Buchung mit Kreditkarte, separate Police).

A E-Aufgaben 12 und 13, W-Aufgabe 15

Lösung Einführungsfall

Mirco Zilic bleibt dann finanziell ohne Schaden, wenn er eine Diebstahlversicherung für sein teures Bike abgeschlossen hat. Im Rahmen einer Hausrat-/Mobiliarversicherung wird u.U. nicht der ganze Wert zurückerstattet. Beides sind freiwillige Versicherungen.

Sabrina Baumeister bleibt finanziell fast ohne Schaden, denn sie ist als Lernende obligatorisch versichert für Nichtberufsunfälle (NBU). Dadurch sind die Heilungskosten gedeckt. Der Erwerbsausfall bei Unfall wird durch die SUVA (Schweizerische Unfallversicherung) gedeckt, allerdings nur zu 80% des Lohns.

Peter Pfister bleibt dann finanziell ohne Schaden, wenn er freiwillig eine Vollkaskoversicherung abgeschlossen hat, welche Kollisionsschäden am eigenen Fahrzeug übernimmt, und wenn die Versicherung keinen Regress nimmt. Für die defekte Leitplanke bezahlt die obligatorische Motorfahrzeughaftpflichtversicherung den Schaden.

8.3 Vorsorge

Vorsorgeversicherungen sind ein Teil der **Sozialversicherungen**. Diese sollen Menschen vor gewissen sozialen Notsituationen bewahren und sind obligatorisch. Die Sozialversicherungen werden in folgende fünf Bereiche eingeteilt:
- die Alters-, Hinterlassenen- und Invalidenvorsorge (Drei-Säulen-System)
- der Schutz vor Folgen einer Krankheit und eines Unfalls
- der Erwerbsersatz für Dienstleistende und bei Mutterschaft
- die Arbeitslosenversicherung
- die Familienzulagen

Das Drei-Säulen-System im Überblick

Von den Sozialversicherungen dient das **Drei-Säulen-System** der Vorsorge, weil nach Beendigung des Erwerbslebens oder im Todesfall respektive bei Invalidität des Erwerbstätigen Ersatzeinkommen vorhanden ist. Dieses muss während der Erwerbstätigkeit einbezahlt respektive angespart werden.

	Das Drei-Säulen-System für die Vorsorge				
	1. Säule		**2. Säule**		**3. Säule**
Bezeichnung	Staatliche Vorsorge		Berufliche Vorsorge		Private Vorsorge
Bestandteile	AHV, IV	Ergänzungsleistungen	Obligatorische Berufsvorsorge (BV)	Überobligatorische BV	- 3a (gebunden) - 3b (frei)
Ziel	Existenzsicherung		Fortführen des bisherigen Lebensstandards	Zusätzliche Bedürfnisse	Zusätzliche Bedürfnisse
Beiträge	Fester Prozentsatz vom Bruttolohn		Alters- und kassenabhängiger Prozentsatz vom versicherten Lohn		–
Träger	Staatliche Ausgleichskassen		Vorsorgeeinrichtungen (Pensionskassen)		3a und 3b: Banken, Versicherungsgesellschaften
Leistungen	- Altersrenten, Witwen- und Witwerrenten, Waisenrenten - Invalidenrenten - Ergänzungsleistungen zur AHV und IV		- Altersrente oder Kapitalbezug - Witwen-/Witwer- und Waisenrenten - Invalidenrenten		Verzinste Ersparnisse, Kapitalleistung oder Rente
Finanzierungsverfahren	Umlageverfahren Heute einbezahlte Beiträge werden für laufende Rentenzahlungen verwendet.		Kapitaldeckungsverfahren Jeder spart für sich selbst.		Kapitaldeckungsverfahren Jeder spart für sich selbst.
Besonderheiten	Obligatorisch - Erwerbstätige ab 1. Januar nach Vollendung des 17. Altersjahres - Nichterwerbstätige ab 1. Januar nach Vollendung des 20. Altersjahres		Obligatorisch für unselbstständig Erwerbstätige ab 25. Altersjahr, sofern Lohn gewisse Schwelle überschreitet		- Freiwillig - Steuerbegünstigung bei 3a und Erlebensfallversicherungen

A E-Aufgabe 16, W-Aufgaben 17 und 18

Auch die Unfallversicherung bezahlt im Falle einer Invalidität oder beim Tod des Erwerbstätigen Invaliden- und Hinterlassenenrenten. Sie zählt aber gemäss Bundesverfassung (Art. 111 BV) nicht zur 2. Säule, der beruflichen Vorsorge.

Leistungsziele

1.5.2.8 Risiken, Versicherungen und Vorsorge

- Ich beurteile anhand einfacher Fallbeispiele die Notwendigkeit folgender Versicherungen für eine Privatperson:
  - AHV/IV/EO
  - Berufliche Vorsorge
  - Arbeitslosenversicherung (ALV)
  - Krankenversicherung
  - Unfallversicherung (UVG)
  - Lebensversicherung
  - Privathaftpflichtversicherung
  - Motorfahrzeugversicherung (Kasko und Haftpflicht)
  - Mobiliarversicherung

- Ich wende dabei die folgenden Begriffe an:
  - Drei-Säulen-System
  - Unter- und Überversicherung
  - Regress
  - Selbstbehalt

Risiken, Versicherungen und Vorsorge

E 8.1 Risiken

1. Risiken erkennen

Beschreiben Sie mögliche Risiken, die auftreten können, wenn Daniel Peterhans mit Freunden im Auto von Basel nach Zürich fährt:

....

....

....

....

2. Umgang mit Risiken

Führen Sie die Risikoanalyse für Daniel Peterhans durch, der mit dem Auto von Basel nach Zürich fährt. Ergänzen Sie die leeren Felder:

Risikoanalyse	Beispiel Daniel Peterhans
	Daniel weiss, dass er unterwegs eine Panne haben oder in einen Unfall verwickelt werden kann oder sogar selbst einen Unfall verursachen kann.
Risiko vermeiden	
	Daniel lässt seinen Wagen regelmässig kontrollieren (Service), er fährt vorsichtig und hält sich an die Höchstgeschwindigkeitsvorschriften.
	Daniel schliesst eine Motorfahrzeug-Haftpflichtversicherung ab für Schäden, welche er anderen Personen oder Sachen zufügt, und eine Vollkaskoversicherung für Schäden am eigenen Fahrzeug, wenn er der Unfallverursacher ist.
Risiko selbst tragen	

3. Finanzieller Schaden

Notieren Sie, welche finanziellen Folgen aus folgenden Situationen entstehen, und bestimmen Sie, wer oder was geschädigt wird.

P = Versicherte Person wird geschädigt.
S = Gegenstände der versicherten Person werden beschädigt oder gestohlen.
V = Es entstehen Ansprüche auf das Vermögen der versicherten Person.

Situation	Finanzieller Schaden	Wer oder was nimmt Schaden?		
		P	S	V
Ein Gewitter verursacht eine Überschwemmung in einer Wohnung. Es entstehen Schäden an Teppichen, Möbeln und anderen beweglichen Gegenständen.		☐	☐	☐
Hagel verursacht Schäden am eigenen Fahrzeug.		☐	☐	☐
Fabio Sticca verursacht einen Autounfall, bei dem sein Wagen an der Seite beschädigt wird.		☐	☐	☐
Beim Unfall, den Fabio Sticca verursacht, wird auch ein anderes Auto beschädigt und die Fahrerin erleidet Knochenbrüche.		☐	☐	☐
Petra Eugsters Hund beisst den Nachbarn.		☐	☐	☐
Benni Schuster erkrankt an einer Grippe.		☐	☐	☐
Fränzi Meier stürzt im Bürogebäude eine Treppe hinunter und bricht sich das Handgelenk.		☐	☐	☐
Am Sonntag bricht sich Beat Huber das Handgelenk, als er beim Mountainbikefahren stürzt.		☐	☐	☐
Bea Kleins Eltern kommen bei einem Autounfall ums Leben.		☐	☐	☐
Florian Breuer verliert seinen Arbeitsplatz, weil das Unternehmen die Produktion reduziert.		☐	☐	☐
Martin Heimer geht mit 65 Jahren in Pension.		☐	☐	☐
Nach einem Arbeitsunfall kann Laura Bagutti aus gesundheitlichen Gründen nicht mehr an dieser Stelle eingesetzt werden.		☐	☐	☐
Claudia Fortunato, Bankfachfrau, wird Mutter.		☐	☐	☐
Ernesto Grassi besucht einen Wiederholungskurs des Militärs.		☐	☐	☐

Risiken, Versicherungen und Vorsorge

4. Funktionsweise von Versicherungen

Beschreiben Sie in ganzen Sätzen die Funktionsweise von Versicherungen, indem Sie die nachfolgenden, alphabetisch geordneten Fachbegriffe in einen logischen Zusammenhang bringen.

Finanzieller Schaden, Gefahrengemeinschaft, Gesetz der grossen Zahl, Leistungen, Prämien, Risiko, Risikoausgleich, Versicherungsgeber, Versicherungsnehmer

W 8.1 Risiken

5. Umgang mit Risiken

Jessica Filosi geht Snowboard fahren. Ergänzen Sie links die Schritte im Umgang mit Risiken.

Beispiel Jessica Filosi	
	Jessica geht Snowboard fahren und «übernimmt» damit alle übrigen Risiken selbst.
	Jessica zieht Rücken- und Kopfschutz an, fährt vorsichtig und rücksichtsvoll und nimmt das Board mit ins Restaurant.
	Jessica merkt, dass sie andere Personen oder sich selbst verletzen kann. Sie weiss auch, dass das Board gestohlen werden könnte.
	Jessica geht nicht Snowboard fahren.
	Jessica schliesst eine Privathaftpflichtversicherung ab für Schäden, welche sie anderen Personen zufügt, eine Nichtbetriebsunfallversicherung für Schäden, die sie selbst erleidet bei einem Unfall, und eine Diebstahlversicherung für das Snowboard.

6. Leistungskürzung

Folgende Frage stellt ein Leser in einem Ratgeber:

> Ein Bekannter von mir hat eine Autokollision mit Personen- und Sachschäden verursacht. Beim Alkoholtest durch die Polizei wurde eine Blutalkoholkonzentration von 0,7 Gewichtspromillen festgestellt. Wie reagiert seine Motorfahrzeug-Versicherung?

a) Zur Beurteilung des Sachverhalts erhalten Sie folgende Zusatzinformationen:

> Gemäss den gesetzlichen Bestimmungen ist grundsätzlich die Leistungspflicht des Versicherers eingeschränkt, wenn der Versicherungsnehmer, Versicherte oder Anspruchsberechtigte ein Schadenereignis grobfahrlässig herbeiführt. Bei Alkohol am Steuer ist eine grobe Fahrlässigkeit dann erwiesen, wenn eine Blutalkoholkonzentration von mindestens 0,5 Gewichtspromillen festgestellt oder eine Alkoholmenge im Körper nachgewiesen wird, die zu einer Blutalkoholkonzentration von mindestens 0,5 Gewichtspromillen führt. Für Neulenker mit dem Führerausweis auf Probe gilt eine Nulltoleranz resp. ein gesetzlicher Grenzwert von 0,1 Promillen.

Beantworten Sie die Frage des Lesers aufgrund des Sachverhalts und der Zusatzinformationen.

....

....

....

....

b) Sie lesen nun die Antwort des Schweizerischen Versicherungsverbands:

> Wurde ein Schadenfall in angetrunkenem Zustand verursacht, so ist gemäss Strassenverkehrsgesetz der Haftpflicht-Versicherer verpflichtet, Rückgriff zu nehmen. Bei der Bemessung des Regresses wird der Schwere des Verschuldens und der wirtschaftlichen Leistungsfähigkeit der betreffenden Person Rechnung getragen. Für die anderen Branchen der Motorfahrzeug-Versicherung (z.B. Kasko) ist eine Leistungskürzung nicht gesetzliche Pflicht. Sie wird aber wegen des grobfahrlässigen Verhaltens aufgrund der Bestimmungen des Versicherungsvertragsrechtes vorgenommen – bei der Bemessung der Kürzung wird ebenfalls allen Umständen Rechnung getragen. Alkohol am Steuer kann also beim fehlbaren Lenker – nebst Führerausweisentzug, einer hohen Busse und anderen Unannehmlichkeiten – zu sehr hohen finanziellen Belastungen führen.

Quelle: www.med.svv.ch

1) Erklären Sie, was mit Regress genau gemeint ist.

....

....

....

2) Zählen Sie die rechtlichen Konsequenzen auf, die im geschilderten Fall auf den Verursacher des Schadens zukommen.

....

....

Risiken, Versicherungen und Vorsorge

3) Bei welchem Risiko muss der Versicherer aufgrund des Strassenverkehrsgesetzes Rückgriff nehmen? Bei welchem Risiko kann er Regress nehmen aufgrund der vertraglichen Bestimmungen?

	Risiko
Regress gemäss StVG	
Regress gemäss Vertrag	

7. Aussagen beurteilen

Kreuzen Sie an, ob die folgenden Aussagen richtig oder falsch sind. Falsche Aussagen korrigieren Sie auf der Zeile darunter.

R	F	Aussage
☐	☐	Wenn von Risiken die Rede ist, geht es im Zusammenhang mit Versicherungen um Gefahren, denen man ausgesetzt ist.
☐	☐	Es können nur Personen oder Gegenstände zu Schaden kommen.
☐	☐	Kosten, Wertverminderung von Sachwerten oder Zahlungen von Geldforderungen sind typische Beispiele für finanzielle Schäden.
☐	☐	Beim Umgang mit Risiken werden vier Schritte unterschieden: Risiko vermeiden, Risiko vermindern, mögliche Schäden überwälzen oder Risiko selbst tragen.
☐	☐	Versicherungen funktionieren nach dem Prinzip, dass im Voraus Prämien bezahlt werden, die bei Schadenfreiheit zurückerstattet werden.
☐	☐	Der Risikoausgleich funktioniert sehr gut, wenn es wenige Versicherte gibt und von ihnen viele einen Schaden erleiden.

R	F	Aussage
☐	☐	Versicherungsprämien steigen, wenn die Höhe der Leistungen an geschädigte Versicherte stark steigt, aber die Zahl der Versicherten gleich gross bleibt.
☐	☐	Versicherer sind immer verpflichtet, die Leistungen zu bezahlen, wenn ein Schaden eintritt.
☐	☐	Regress nehmen bedeutet, dass die Versicherer vom Schadenverursacher, der ihr Versicherter ist, Geld zurückfordern.

E 8.2 Arten von Versicherungen

8. Risiken und Versicherungen

a) Verbinden Sie jede Versicherung mittels Linie mit der jeweiligen Leistung, die sie im Schadenfall erbringt.

Versicherung	Leistung
	Zahlung von Taggeldern zum Ausgleich von Erwerbsausfall
Alters- und Hinterlassenenversicherung (AHV)	Zahlung des Verdienstausfalls während Militär oder Mutterschaft
Arbeitslosenversicherung (ALV)	Beheben oder Mindern der gesundheitlichen und wirtschaftlichen Folgen von Unfällen
Berufliche Vorsorge (BV)	Monatliche Rentenzahlung bei Erwerbsausfall durch Pensionierung
Erwerbsersatzordnung (EO)	Monatliche Rentenzahlung bei Erwerbsausfall durch Pensionierung
Invalidenversicherung (IV)	
Krankenversicherung	Kapital im Todesfall oder bei Erleben
Lebensversicherung	Monatliche Rentenzahlung sowie (wenn immer möglich) berufliche Eingliederungsmassnahmen
Unfallversicherung	Kosten, die durch Krankheit entstanden sind

Risiken, Versicherungen und Vorsorge

b) Bei den Kranken- und den Unfallversicherungen gibt es jeweils zwei Arten. Notieren Sie die Namen und welche Leistung die Versicherung im Schadenfall erbringt.

Name	Leistung

c) Nennen Sie die Versicherungen aus a) und b), für die keine Versicherungspflicht (kein Obligatorium) besteht.

....

....

....

....

9. Risiken – Versicherungen

Geben Sie zu jedem Risiko an, welche Versicherung dafür Leistungen erbringt. Kreuzen Sie an, wer oder was zu Schaden kommt und ob ein mögliches Ereignis obligatorisch versichert werden muss.

P = Versicherte Person kommt zu Schaden.
S = Gegenstand (Sache) der versicherten Person kommt zu Schaden.
V = Vermögen der versicherten Person kommt zu Schaden.

Risiko	Versicherung	Schaden für			Obligatorium	
		P	S	V	Ja	Nein
Mutterschaft		☐	☐	☐	☐	☐
Krankheit		☐	☐	☐	☐	☐
Schäden am eigenen Fahrzeug, entstanden durch Hagel.		☐	☐	☐	☐	☐
Erwerbsausfall wegen Alter		☐	☐	☐	☐	☐
Unfall während der Erwerbsarbeit		☐	☐	☐	☐	☐
Schäden an Teppichen, Möbeln und anderen beweglichen Gegenständen		☐	☐	☐	☐	☐
Sachbeschädigung von fremdem Eigentum		☐	☐	☐	☐	☐
Hundebiss an Drittperson		☐	☐	☐	☐	☐
Invalidität		☐	☐	☐	☐	☐
Schäden am fremden Fahrzeug durch Unfall		☐	☐	☐	☐	☐
Eigenes Ableben		☐	☐	☐	☐	☐
Schäden am eigenen Fahrzeug durch Unfall		☐	☐	☐	☐	☐
Unfall in der Freizeit		☐	☐	☐	☐	☐
Militärdienst		☐	☐	☐	☐	☐

Risiken, Versicherungen und Vorsorge

10. Kostenbeteiligung Krankenkasse berechnen

a) Sachverhalt:
Nico Klein, 30-jährig, hat einen Spitalaufenthalt hinter sich. Das Spital hat der Krankenkasse 3000 Franken in Rechnung gestellt. Die Leistungen sind von der Grundversicherung anerkannt. Die Krankenkasse schickt dem Versicherten, der dieses Jahr eine Franchise von 500 Franken vereinbart hat, folgende Abrechnung mit Einzahlungsschein:

Kosten Spitalaufenthalt:	CHF 3000
Franchise aus obligatorischer Krankenpflegeversicherung	CHF 500
Selbstbehalt 10% aus obligatorischer Krankenpflegeversicherung	CHF 250
Spitalkostenbeitrag: 7 Tage	CHF 105
Total zu Ihren Lasten	CHF 855

Weisen Sie die Korrektheit der Abrechnung der Krankenkasse rechnerisch nach.

	Betrag
Franchise	
Selbstbehalt	
Spitalkosten	

b) Nico Klein muss im selben Jahr wegen einer langwierigen Erkrankung zum Arzt. Auch hier schickt der Arzt die Rechnung direkt der Krankenkasse, welche Nico folgende Abrechnung sendet.

Ärztliche Leistungen ambulant	CHF 740
Medikamente	CHF 50
Laboranalysen	CHF 30
Franchise aus obligatorischer Krankenpflegeversicherung	CHF 0
Selbstbehalt	CHF 82
Total zu Ihren Lasten	CHF 82

Weisen Sie die Korrektheit der Abrechnung der Krankenkasse rechnerisch nach.

	Betrag
Franchise	
Selbstbehalt	

c) Berechnen Sie, mit welchem Betrag sich Nico Klein dieses Jahr noch max. an weiteren Kosten beteiligen muss.

d) Welches Ziel verfolgt der Gesetzgeber mit Franchise und Selbstbehalt für die Versicherten?

11. Verschiedene Versicherungen im Sachverhalt

Sachverhalt:
Rolf Springer parkt sein Auto beim Bahnhofkiosk in Burgdorf, um Zeitschriften zu kaufen. Da er die Handbremse zu wenig angezogen hat, rollt sein Auto auf der abschüssigen Strasse langsam gegen die Gartenwirtschaft des Bahnhofrestaurants. Die Gäste sehen das Auto kommen und können sich rechtzeitig in Sicherheit bringen. Eine unbeteiligte Passantin verstaucht sich den Fuss, als sie durch einen Misstritt über den Randstein tritt und fällt. Folgende Schäden sind entstanden:
- Blechschaden am Auto von Rolf Springer
- Verstauchter Fuss der Passantin (Arztkosten und drei Tage Arbeitsausfall)
- Sachschaden am Mobiliar des Bahnhofrestaurants

a) Nennen Sie die Versicherung, welche die folgenden Schäden deckt.

1) Sachschaden am Mobiliar des Bahnhofrestaurants

2) Arztkosten und Arbeitsausfall der Passantin

3) Schaden am Auto von Rolf Springer

b) In bestimmten Fällen bezahlt eine Versicherung einen Schaden, fordert das Geld anschliessend vom Versicherten ganz oder teilweise zurück. Nennen Sie den Fachausdruck für dieses Vorgehen.

c) Rolf Springer befürchtet, dass künftig seine Versicherungsprämien der Motorfahrzeug-Haftpflichtversicherung aufgrund des Bonus-Malus-Systems steigen werden. Nennen Sie zwei Ziele, welche die Versicherungsgesellschaft mit diesem System verfolgt.

Risiken, Versicherungen und Vorsorge

d) Nennen Sie zwei Versicherungen, ohne AHV, IV, EO und ALV, welche Rolf Springer unabhängig vom obigen Sachverhalt obligatorisch abschliessen muss.

12. Versicherungstechnische Begriffe

Ordnen Sie die folgenden Begriffe den Sachverhalten zu und erläutern Sie den gewählten Fachbegriff. Es werden nicht alle Begriffe benötigt.

Franchise, Selbstbehalt, Überversicherung, Unterversicherung, Doppelversicherung, Zeitwert, Neuwert, Bonus-Malus-System

Sachverhalt	Begriff	Erläuterung
Nach einer Schadenmeldung muss Claudia Senn im nächsten Jahr 5 % mehr Prämie bezahlen.		
Der versicherte Wert der Einrichtungsgegenstände beträgt CHF 160 000. Bei einem Schaden von CHF 100 000 erhält der Versicherte CHF 80 000 ausbezahlt.		
Bis zu CHF 2500 Krankheitskosten zahlt Peter Aellig jedes Jahr selbst.		
Claudia Rüter ist Junglenkerin. Bei Schäden, die sie bei der Versicherung anmeldet, bezahlt sie jeweils CHF 500 selbst.		

Sachverhalt	Begriff	Erläuterung
Petra Kern macht eine Lehre als Kauffrau. Bei ihrer Krankenkasse hat sie das Unfallrisiko eingeschlossen.		
Daniele Carpas gestohlenes dreijähriges Fahrrad taucht nicht mehr auf. Dank der Quittung des Kaufs für CHF 850 erhält er diesen Betrag vom Versicherer überwiesen.		

13. Hausratversicherung

Familie Tobler hat eine übliche Hausratversicherung abgeschlossen. Die Versicherungssumme beträgt CHF 160 000. Nach einem Schadenereignis schätzt der Versicherungsexperte den heutigen Wert des gesamten Hausrates auf CHF 80 000 (Zeitwert) und den Wiederbeschaffungswert (Neuwert, Ersatzwert) auf CHF 200 000.

Auszug aus dem Artikel 69 VVG:

> [1] Soweit der Vertrag oder dieses Gesetz nichts anderes bestimmt, haftet der Versicherer für den Schaden nur bis auf Höhe der Versicherungssumme.
> [2] Erreicht die Versicherungssumme den Ersatzwert nicht, so ist der Schaden, wenn nichts anderes vereinbart ist, in dem Verhältnis zu ersetzen, in dem die Versicherungssumme zum Ersatzwerte steht.

a) Nennen Sie zwei konkrete Gegenstände, die durch eine Hausratversicherung versichert sind.

b) Nennen Sie drei Risiken, die durch eine Hausratversicherung gedeckt sind.

c) Berechnen Sie die Entschädigung gemäss VVG, wenn durch ein versichertes Ereignis der gesamte Hausrat beschädigt wird.

d) Berechnen Sie die Entschädigung gemäss VVG, wenn durch ein versichertes Ereignis ein Schaden von CHF 60 000 entsteht.

Risiken, Versicherungen und Vorsorge

W 8.2 Arten von Versicherungen

14. Leistungen – Versicherungen

Ordnen Sie den folgenden Leistungen die passende Versicherung und wo möglich den Versicherungsnehmer zu.

a) Howard Gross erhält vom Versicherer CHF 100 000, als er 60 Jahre alt wird.

b) Familie Bieri erhält vom Versicherer CHF 40 000 ausbezahlt, nachdem ein Wasserschaden ihre Teppiche und Bilder zerstört hatte.

c) Peter Kerner verursacht einen Selbstunfall mit dem Motorrad. Der Schaden an seiner Maschine beträgt CHF 4800. Diesen Betrag erhält er vom Versicherer ausbezahlt. Der Gartenzaun von Familie Humbold wird beim Unfall beschädigt. Der Versicherer bezahlt CHF 1800 für die Reparatur.

d) Raffaella Curtos Fahrrad wird in der Stadt gestohlen. Sie erhält CHF 600 vom Versicherer ausbezahlt.

e) Nico Estermanns Hund springt eine Nachbarin an, welche dabei stürzt und sich das Handgelenk bricht. Die Entschädigung für Heilungs- und Erwerbsausfall, welche sie erstattet erhält, beträgt insgesamt CHF 8900.

f) Miro Krakic hat plötzlich starke Bauchschmerzen. In der Folge bezahlt der Versicherer die Kosten der medizinischen Behandlung und einer Blinddarmoperation.

g) Als Heidi Kummerer stirbt, erhalten ihr Ehemann und die beiden Kinder vom Versicherer CHF 150 000 ausbezahlt.

h) Nach ihrer ordentlichen Pensionierung erhält Inge Meister zwei Renten ausbezahlt. Insgesamt erhält sie so CHF 3700 je Monat.

i) Günter Meidinger erhält während maximal 260 Tagen Taggeld aufgrund der Kündigung durch seinen Arbeitgeber.

j) Katia Covac hat Tochter Sabrina geboren. Sie erhält während 14 Wochen CHF 90 ausbezahlt.

k) Bei einem Unfall verliert Claudio Brescha einen Arm. Damit er an einem anderen Arbeitsplatz erwerbstätig sein kann, werden Umschulungskurse bezahlt.

l) Während einer Knieoperation belegt Sabine Nauer im Spital ein Einzelzimmer. Diese Kosten werden von der Versicherung übernommen.

m) Zyntia Berger, 21-jährig, Sportstudentin, verunfallt in den Ferien bei einer Wanderung. Sie stürzt 15 Meter in die Tiefe und erleidet Knochenbrüche. Medizinische Behandlung und Rehabilitationsmassnahmen werden von der Versicherung übernommen.

n) Ein Marder beisst bei René Voglers Auto die Schläuche des Kühlers durch. Die Rechnung für die Reparatur wird von der Versicherung bezahlt.

Risiken, Versicherungen und Vorsorge

15. Risikoanalyse und Versicherungsvorschlag

Sachverhalt:
Kristina und Bojan Matusek wohnen mit ihren Kindern Maria (4 Jahre) und Tim (8 Jahre) sowie dem Schäferhund Roy in einer gemieteten 4-Zimmer-Wohnung.
Bojan arbeitet als Maler beim örtlichen Malergeschäft Coloria AG. Kristina arbeitete früher als Kindergärtnerin, zurzeit kümmert sie sich um den Haushalt und die Familie.
Für das Familienauto haben sie einen Einstellhallenplatz gemietet.
Die Freizeit verbringt die Familie grösstenteils in den Bergen. Vater Bojan ist ein begeisterter Gleitschirmflieger, Mutter Kristina klettert schon seit ihrer Jugend; auch die Kinder sind sportbegeistert.
Notieren Sie die Lösungen für die Teilaufgaben a), b) und c) in der Tabelle, die nach c) abgebildet ist.

Teil I Risikoanalyse

Sie arbeiten als Versicherungsberaterin resp. -berater und betreuen die Familie Matusek. Bevor Sie der Familie konkrete Versicherungsvorschläge unterbreiten, führen Sie eine Risikoanalyse durch.

a) Nennen Sie vier freiwillig zu versichernde Risiken, welchen die Familie Matusek im Alltag ausgesetzt ist.
b) Begründen Sie in Stichworten, weshalb die Familie dem jeweiligen Risiko ausgesetzt ist.

Teil II Versicherungsvorschlag

c) Aufgrund der von Ihnen erstellten Risikoanalyse entschliesst sich Familie Matusek, die Risiken zu versichern. Nennen Sie für jedes Risiko die entsprechende Versicherung mit dem konkreten Fachbegriff.

Betriebswirtschaftliche Zusammenhänge

Das erste Beispiel dient Ihnen als Anhaltspunkt und darf nicht weiter verwendet werden.

a) Risiko	b) Begründung	c) Versicherung
Tod eines Ehegatten	Beide sind Extremsportler und auch sonst den allgemeinen Gefahren ausgesetzt.	Risikoerlebensversicherung

Risiken, Versicherungen und Vorsorge

d) Nennen Sie mindestens vier weitere bisher nicht aufgeführte obligatorische Versicherungen, bei welchen die Familie versichert ist.
e) Notieren Sie die Leistungen für diese Versicherungen.

d) Versicherung	e) Leistungen

E 8.3 Vorsorge

16. Drei-Säulen-System

a) Ergänzen Sie die Übersicht über den Aufbau der Altersvorsorge in der Schweiz.

Drei-Säulen-System		
1. Säule	2. Säule	3. Säule
	Fortsetzung der gewohnten Lebenshaltung	
		Private Vorsorge
	Obligatorisch	
	Pensionskassen und Versicherungsgesellschaften	Versicherungsgesellschaften und Banken
		Kapitaldeckungsverfahren
AHV IV	Überobligatorische Vorsorge	Gebundene Vorsorge: Säule 3a

b) Zählen Sie die Kriterien auf, mit welchen man die Vorsorgeversicherungen vergleichen kann.

....

....

Risiken, Versicherungen und Vorsorge

W 8.3 Vorsorge

17. Vorsorgesystem

a) Beantworten Sie folgende Fragen zum Vorsorgesystem.

Frage	Antwort
Wie heisst das Vorsorgesystem der Schweiz auch?	
Welche Vorsorgeversicherungen sind für Arbeitnehmende obligatorisch?	
Wer bezahlt Beiträge für die obligatorischen Vorsorgeversicherungen?	
Wie heisst das steuerlich begünstigte Sparen für die private Vorsorge?	
In welcher Form wird die AHV an die Versicherten ausbezahlt?	
Welche Vorsorgeversicherung hat zum Ziel, dass im Alter der gewohnte Lebensstandard fortgesetzt werden kann?	
Wer sind die Träger der einzelnen Vorsorgesäulen?	

b) Ergänzen Sie die Übersicht über die Finanzierung der 1. und 2. Säule der Altersvorsorge.

Säule	1. (AHV, IV)	2. (BV)
Finanzierungsverfahren		

c) Erläutern Sie das Prinzip der beiden Finanzierungsarten.

1. Säule	2. Säule

d) Nennen Sie das Finanzierungsverfahren für die 3. Säule.

e) Erklären Sie den Unterschied zwischen dem privaten Sparen mit Säule 3a und 3b.

18. Vorsorge

a) Der Vater der Familie Matusek (vgl. Aufgabe 15) verunglückt tödlich mit dem Gleitschirm. Nennen Sie die Renten, mit denen Kristina Matusek und ihre beiden Kinder rechnen können.

Risiken, Versicherungen und Vorsorge

b) Was bedeuten die Abkürzungen und welche Risiken werden durch diese Versicherungen gedeckt? Füllen Sie die folgende Tabelle aus, indem Sie die Versicherung (mit ganzem Namen) bezeichnen und das zu deckende Risiko bzw. die zu deckenden Risiken kurz beschreiben. Als Beispiel ist die Tabelle für die ALV schon ausgefüllt.

Abkürzung	Bezeichnung	Risiko
ALV	Arbeitslosenversicherung	Einkommensverlust infolge Arbeitslosigkeit
AHV		
BV		

c) Notieren Sie, ob es sich bei der AHV um eine Personen-, Vermögens- oder um eine Sachversicherung handelt.

....

d) Notieren Sie, mit welchem Verfahren die AHV finanziert wird. Beschreiben Sie die Funktionsweise dieser Finanzierung in einem vollständigen Satz.

....

....

....

9 Recht und Staat
Mietvertrag

Inhaltsverzeichnis

		Theorie	Aufgaben
9.1	Vertragsarten und deren Wesensmerkmale	**102**	114
9.2	Pflichten beim Mietvertrag	**105**	116
9.3	Beendigung des Mietvertrags	**110**	121

Leistungsziele	113

9 Mietvertrag

Einführungsfall

Amanda Aregger hat bei der AMAG AG vor zwei Jahren einen damals neuen VW Golf für eine monatliche Rate von CHF 280 zum privaten Gebrauch geleast. Der Vertrag wurde damals für eine Dauer von vier Jahren abgeschlossen. Nun ist Amanda Aregger seit fünf Monaten arbeitslos, weshalb sich ihre finanzielle Situation zuletzt massiv verschlechtert hat. Sie möchte deshalb den VW Golf vorzeitig zurückgeben. Die AMAG teilt ihr mit, dass in diesem Fall die vertraglich vereinbarte Austrittszahlung von CHF 10 000 fällig werde.

Wie ist diese Austrittszahlung zu rechtfertigen und warum betragen Amanda Areggers monatliche Auslagen für den VW Golf weit mehr als die Leasingrate von CHF 280?

Der Abschluss eines Mietvertrags ist nicht so alltäglich wie der Abschluss eines Kaufvertrags. Trotzdem wird annähernd jedes handlungsfähige Rechtssubjekt früher oder später einen Mietvertrag abschliessen. So leben in der Schweiz beispielsweise grosse Bevölkerungsteile in Mietwohnungen. Auch im Urlaub werden Mietverträge abgeschlossen, etwa für den Mietwagen, den Campingplatz oder das Fahrrad. Ebenso mieten Unternehmen fehlende Produktionsmittel wie z. B. Geschäftsräume (Verkaufslokal an Passantenlage, billige Lagerhalle, repräsentatives Verwaltungsgebäude für den Hauptsitz), Maschinen oder auch Fahrzeuge. Anstelle von Mietverträgen schliessen sowohl Unternehmen als auch Privatpersonen häufig Leasingverträge wie jener im Einführungsfall ab.

9.1 Vertragsarten und deren Wesensmerkmale

Neben dem Mietvertrag unterscheidet das Gesetz weitere Verträge, deren Inhalt es im Wesentlichen ist, jemandem eine Sache gegen ein Entgelt zum Gebrauch zu überlassen (**Gebrauchsüberlassungsverträge**). Der Leasingvertrag gehört unter anderem dazu.

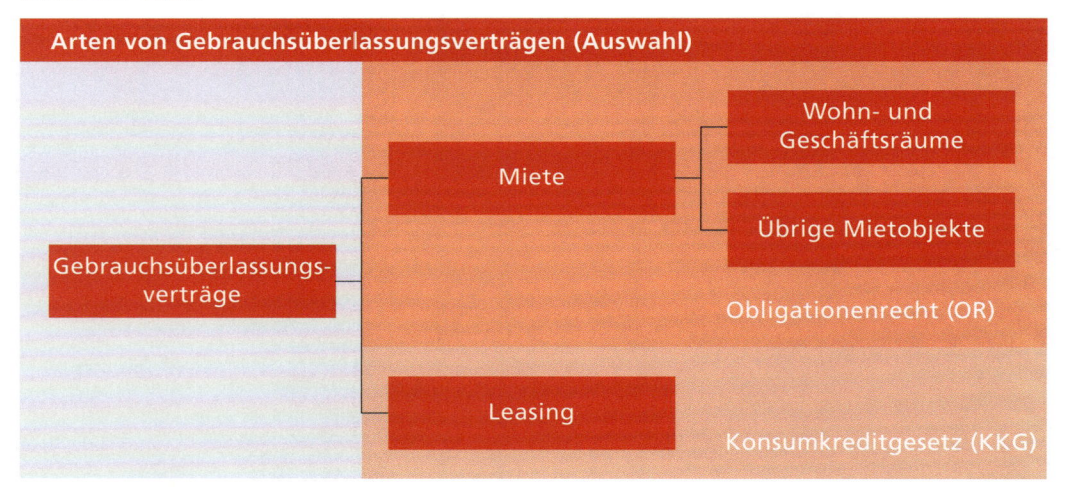

Arten von Gebrauchsüberlassungsverträgen (Auswahl)

Gebrauchsüberlassungsverträge
- Miete (Obligationenrecht (OR))
  - Wohn- und Geschäftsräume
  - Übrige Mietobjekte
- Leasing (Konsumkreditgesetz (KKG))

9.1.1 Miete

Art. 253 OR
Art. 255 Abs. 1 OR
Art. 256 OR
Art. 259 OR

Durch den **Mietvertrag** überlässt der Vermieter dem Mieter eine Sache befristet oder unbefristet zum **Gebrauch**. Der Mieter leistet dafür einen **Mietzins**. Als Besitzer der Sache hat der Mieter während der Dauer des Vertrags für den laufenden Unterhalt (Reinigung, kleinere Reparaturen) zu sorgen. Der Vermieter ist als Eigentümer der Sache zuständig für die Beseitigung grösserer Mängel, die über den gewöhnlichen Unterhalt hinausgehen (Ersatz, Erneuerungen).

Merke
➔ **2. Semester 8.2**

> Im Unterschied zum Kaufvertrag bleibt das Eigentum (umfassendes Verfügungsrecht) an der Mietsache beim Vermieter. Das zeigt sich unter anderem daran, dass der Vermieter als Eigentümer die Mietsache trotz bestehendem Mietvertrag weiterverkaufen darf (nicht aber der Mieter als Besitzer mit blossem Gebrauchsrecht).

Art. 11 OR
Art. 16 OR

Im Grundsatz gelten betreffend Vertragsabschluss die Allgemeinen Bestimmungen des Obligationenrechts. Da sich beim Mietvertragsrecht keine besonderen Bestimmungen finden lassen, kann er **formfrei** abgeschlossen werden. In der Praxis ist es jedoch aus Gründen der Rechtssicherheit üblich, Mietverträge (insbesondere bei Wohn- und Geschäftsräumen) schriftlich zu vereinbaren. Hierzu werden in der Regel Standardformulare der Hauseigentümerverbände, der Mieterverbände oder auch vom Kanton verwendet.

9.1.2 Leasing

Durch den **Leasingvertrag** überlässt der **Leasinggeber** dem **Leasingnehmer** für eine bestimmte Dauer eine Sache zum Gebrauch. Der Leasingnehmer bezahlt dafür die **Leasingrate**. Im Unterschied zur Miete können Leasingverträge vorsehen, dass das Eigentum an der Leasingsache am Ende der Vertragsdauer gegen Bezahlung des Restwerts auf den Leasingnehmer übergeht. Ausserdem fällt in der Regel jeglicher Unterhalt (inklusive Reparaturen) zulasten des Leasingnehmers an.

Im Zusammenhang mit Leasingsachen, die dem Privatgebrauch dienen (z.B. Auto oder Fernseher), spricht man von **Konsumgüterleasing**. Derartige Verträge sind zum besonderen Schutz der Leasingnehmer vor Überschuldung im **Konsumkreditgesetz** (KKG) geregelt. Das Risiko der Überschuldung besteht insbesondere deshalb, weil im Falle einer vorzeitigen Rückgabe der Sache durch den Leasingnehmer in der Regel eine hohe **Austrittszahlung** geschuldet wird und dadurch die finanzielle Belastung nachträglich höher wird als ursprünglich berechnet. Zusätzliche Sicherheiten in Form von Kautionen oder (teure) Versicherungsverträge, die der Leasinggeber fordert, stellen für den Leasingnehmer zusätzliche finanzielle Belastungen dar.

Wegen der erwähnten Überschuldungsgefahr können Leasingverträge betreffend private Konsumgüter nur schriftlich vereinbart werden und müssen unter anderem zwingend die folgenden Punkte enthalten (qualifizierte Schriftlichkeit):

- die Anzahl, Höhe und Fälligkeit der Leasingraten
- die Höhe einer allfälligen Kaution
- den Hinweis auf allenfalls verlangte Versicherungsverträge
- den effektiven Jahreszins
- den Hinweis auf das schriftliche Widerrufsrecht während 14 Tagen seit Vertragsabschluss
- eine Tabelle über zusätzliche Kosten einer vorzeitigen Vertragsauflösung durch den Leasingnehmer und Restwert der Leasingsache zu diesem Zeitpunkt

Mietvertrag

Im Weiteren muss der Leasinggeber die Kreditfähigkeit des Leasingnehmers überprüfen und den Leasingvertrag der amtlichen Informationsstelle (**schweizerische Informationsstelle für Konsumkredit**) melden. Wird dabei eine drohende Überschuldung des Leasingnehmers festgestellt (z.B. weil der Leasingnehmer bereits drei andere registrierte Leasingverträge abgeschlossen hat), darf der Leasingvertrag nicht abgeschlossen werden.

Lösung Einführungsfall

> Im Fall von Amanda Aregger hat die AMAG AG die monatliche Leasingrate auf der Basis der vorgesehenen Vertragsdauer von vier Jahren berechnet. Durch das vorzeitige Vertragsende muss Amanda Aregger nachträglich einen Teil der ausstehenden Leasingraten in Form der Austrittszahlung von CHF 10 000 übernehmen. Amanda Areggers monatliche Auslagen für den VW Golf waren höher als die Leasingrate, weil auch Unterhalt und Reparaturen sowie Steuern und Versicherungen zu ihren Lasten anfielen.

9.1.3 Abgrenzung von Miete und Leasing

Die nachstehende Darstellung zeigt zusammengefasst die Abgrenzung von Miete und Leasing anhand der wesentlichen rechtlichen Merkmale.

Merkmal	Mietvertrag	Leasingvertrag
Vertragsparteien	Mieter, Vermieter	Leasingnehmer, Leasinggeber
Vertragsform	Formfrei	Qualifizierte Schriftlichkeit
Gesetzliches Widerrufsrecht	Nein	Schriftlich bis 14 Tage nach Vertragsabschluss
Zentraler Vertragsgegenstand	Gebrauchsüberlassung einer Sache	Gebrauchsüberlassung einer Sache
Vertragsdauer	Befristet oder unbefristet	Befristet
Vergütung (Entschädigung)	Mietzins	Leasingrate
Unterhalt der Sache	Laufender durch den Mieter, ausserordentlicher durch den Vermieter	Durch den Leasingnehmer
Eigentumsübertragung bei Vertragsende	Nicht vorgesehen	Kann vereinbart werden

A E-Aufgaben 1 und 2, W-Aufgaben 3 und 4

9.2 Pflichten beim Mietvertrag

Einführungsfall

Erwin Münger ist verzweifelt. Mitten im Februar lässt sich seine Mietwohnung auf nur knapp 17 Grad heizen – viel zu wenig, damit es sich einigermassen behaglich wohnen liesse. Zu allem Übel reagiert der Vermieter völlig unbefriedigend auf Erwin Müngers Reklamationen. Der zuständige Heizungsmonteur sei sehr beschäftigt und habe erst im April Zeit für die erforderlichen Arbeiten …
Am liebsten würde Erwin Münger selbst einen fähigen Monteur mit der sofortigen Reparatur beauftragen und die Rechnung einfach seinem Vermieter schicken. Wäre dies rechtlich zulässig?

Neben der Übergabe der Mietsache in tauglichem Zustand und der termingerechten Zahlung des Mietzinses regelt das Mietrecht eine Reihe weiterer Rechte und Pflichten für den Vermieter bzw. den Mieter. Weil die Miete einer Wohnung für die betreffenden Privatpersonen existenziell ist – das gilt analog auch für die Miete von Geschäftsräumen durch Unternehmen – wird das allgemeine Mietrecht ergänzt durch vergleichsweise viele Spezialbestimmungen, die den Mieter von Wohn- und Geschäftsräumen besonders schützen.

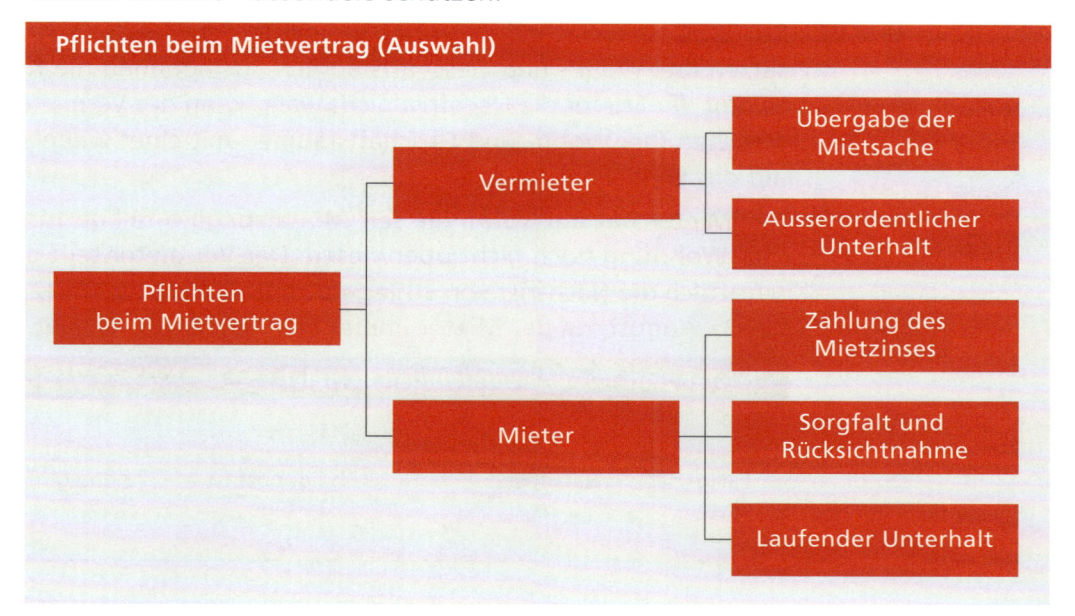

Pflichten beim Mietvertrag (Auswahl)

- Vermieter
  - Übergabe der Mietsache
  - Ausserordentlicher Unterhalt
- Mieter
  - Zahlung des Mietzinses
  - Sorgfalt und Rücksichtnahme
  - Laufender Unterhalt

9.2.1 Übergabe der Mietsache

Art. 256 OR
Art. 256a OR

Der Vermieter ist verpflichtet zur termingerechten **Übergabe der Mietsache** im für den Gebrauch tauglichen Zustand. Kleinere Mängel, die den tauglichen Zustand nicht infrage stellen und bereits zu Beginn des Mietvertrags bestehen (z.B. Kratzspuren im Lavabo oder ein Fleck auf dem Spannteppich einer Mietwohnung), sollten unbedingt im **Wohnungsabnahmeprotokoll** festgehalten werden. So schützt sich der Mieter wirkungsvoll vor späteren Haftungsansprüchen des Vermieters.
Ausserdem muss der Vermieter auf Anfrage des Mieters den Mietzins des Vormieters bekanntgeben (in gewissen Kantonen obligatorisch).

Mietvertrag

9.2.2 Zahlung des Mietzinses

Art. 257c OR — Der gesetzliche Zeitpunkt für die **Zahlung des Mietzinses** durch den Mieter (inklusive allfälliger **Nebenkosten**) ist am Ende jedes Monats bzw. bei befristeten Mietverträgen spätestens am Ende der Vertragsdauer. Üblicherweise wird bei Wohn- und Geschäftsräumen jedoch vereinbart, dass der Mietzins zu Beginn jedes Monats fällig wird (dispositive Regelung).

Art. 257a OR
Art. 257b OR — Ohne besondere Vereinbarung dürfen bei Wohn- und Geschäftsräumen keine zusätzlichen Nebenkosten verlangt werden. Der vereinbarte Mietzins ist in solchen Fällen als «**Bruttomiete**» (inklusive Nebenkosten) zu verstehen. Nur wenn ein «**Nettomietzins**» vereinbart wird (was üblich ist), darf der Vermieter Nebenkosten für Leistungen, die mit dem Gebrauch zusammenhängen (z.B. Heizung, Warmwasser, Elektrizität, Reinigungsarbeiten, Gartenarbeiten, Radio- und Fernsehgebühren usw.) separat in Rechnung stellen. Über solche Nebenkosten muss der Vermieter jährlich eine detaillierte Abrechnung erstellen.

Zahlungsverzug des Mieters von Wohn- oder Geschäftsräumen

Art. 257d OR — Bei Zahlungsrückstand kann der Vermieter dem Mieter schriftlich eine **Nachfrist** setzen (bei Wohn- und Geschäftsräumen 30 Tage) und die **Kündigung** androhen. Nimmt der Mieter die Nachfrist nicht wahr, kann der Vermieter die Kündigung aussprechen (bei Wohn- und Geschäftsräumen mit einer weiteren Frist von 30 Tagen auf das Ende eines Monats).

Beispiel — Der Mieter hat am 5. Juni die seit Monatsbeginn fällige Junimiete für die 3-Zimmer-Wohnung noch nicht überwiesen. Der Vermieter teilt dem Mieter am 7. Juni schriftlich die Nachfrist von 30 Tagen mit und kündigt am 12. Juli den Mietvertrag per 31. August, da der Mieter immer noch nicht bezahlt hat.

Fristen und Termine zum obigen Beispiel

Fälligkeit	Nachfrist 30 Tage	Kündigungsfrist 30 Tage	Kündigungstermin
1. Juni	7. Juni – 7. Juli	12. Juli – 12. August	31. August

Art. 257e OR
Art. 268 OR
→ 2. Semester 7.6

Als Sicherheit für ausstehende Mietzinszahlungen darf der Vermieter beim Vertragsabschluss eine Kaution (von maximal drei Monatsmieten bei Wohnungen) verlangen (**Mietzinsdepot**). Der entsprechende Geldbetrag muss lautend auf den Namen des Mieters auf dem Sperrkonto einer Bank hinterlegt werden. Der Vermieter von Geschäftsräumen hat ausserdem ein gesetzliches Retentionsrecht am Mobiliar des Mieters, falls dieser grossen Zahlungsrückstand hat.

Schutz vor missbräuchlichen Mietzinsen

Art. 269–270e OR — Das Mietrecht schützt den Mieter von Wohn- oder Geschäftsräumen vor missbräuchlich hohen Mietzinsforderungen durch den Vermieter. Vereinfacht ausgedrückt, darf der Gewinn des Vermieters in Prozenten des eingesetzten Eigenkapitals (Nettorendite) nicht deutlich über dem aktuellen (variablen) Hypothekarzinssatz liegen.

Art. 269a OR — Nicht missbräuchlich sind unter anderem Mietzinserhöhungen aus folgenden Gründen:
- Anpassung an orts- oder quartierübliches Niveau
- Kostensteigerung des Vermieters (z.B. steigende Hypothekarzinsen)
- Mehrleistungen des Vermieters (z.B. erstmaliger Einbau einer Geschirrspülmaschine)

Art. 269d OR
→ 9.3 — Der Mietzins kann vom Vermieter nur auf den nächstmöglichen Kündigungstermin (oder später) erhöht werden. Die Erhöhung muss dem Mieter mindestens 10 Tage vor Beginn der Kündigungsfrist auf einem amtlich bewilligten Formular mitgeteilt und begründet werden (qualifizierte Schriftlichkeit).

Art. 270 ff. OR — Der Mieter kann einen (anfänglich oder nachträglich durch eine Erhöhung) missbräuchlichen Mietzins schriftlich beim Vermieter anfechten. Wahlweise kann er das Begehren auch an die **kantonale Schlichtungsbehörde** (Gericht oder **Mietamt**) richten (insbesondere wenn der Vermieter nicht reagiert). Diese fällt einen angemessenen Entscheid.

9.2.3 Sorgfalt und Rücksichtnahme

Art. 257f Abs. 1/2 OR — Der Mieter hat die Mietsache mit der üblichen **Sorgfalt** zu gebrauchen. Dazu gehört bei Wohn- und Geschäftsräumen auch die **Rücksichtnahme** auf andere Hausbewohner und Nachbarn. Eine entsprechende Hausordnung ist in der Regel Bestandteil des Mietvertragsabschlusses. Diese kann auch später einseitig durch den Vermieter abgeändert werden, wenn die Änderung sich im Rahmen der üblichen Gewohnheiten bewegt (z.B. ein Grillverbot auf allen Balkonen).

Um sich gegen Schäden, die der Mieter verursacht hat, abzusichern, verlangen Vermieter vom Mieter häufig den Nachweis über den Abschluss einer Privathaftpflichtversicherung. Abgesehen davon kann der Vermieter ein beim Vertragsabschluss
→ 9.2.2 durch den Mieter hinterlegtes **Mietzinsdepot** auch zur Deckung von Haftpflichtschäden beanspruchen.

Art. 257f Abs. 3/4 OR — Wird das Vertragsverhältnis durch Sorgfaltspflichtverletzungen des Mieters unzumutbar, darf der Vermieter von Wohn- und Geschäftsräumen mit einer Frist von 30 Tagen auf das Ende eines Monats kündigen (auch wenn andere Fristen und Termine vereinbart wurden). Bei anderen Mietobjekten und immer bei vorsätzlichen, schweren Schäden darf die Kündigung fristlos ausgesprochen werden.

Mietvertrag

9.2.4 Unterhalt der Mietsache

Während der Dauer des Mietvertrags sind sowohl der Vermieter als auch der Mieter verantwortlich für die Instandhaltung der Mietsache.

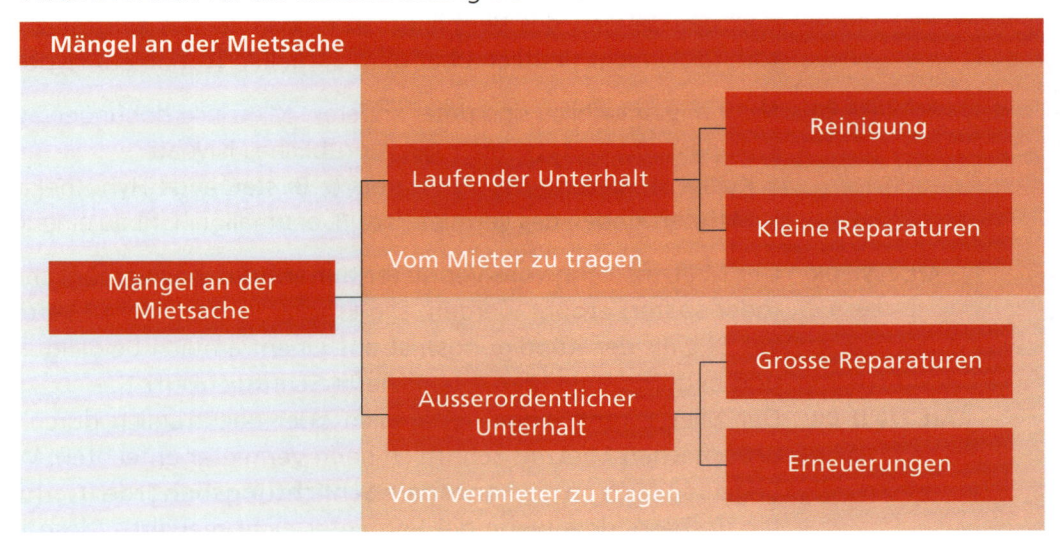

Mängel an der Mietsache

- Laufender Unterhalt (Vom Mieter zu tragen)
  - Reinigung
  - Kleine Reparaturen
- Ausserordentlicher Unterhalt (Vom Vermieter zu tragen)
  - Grosse Reparaturen
  - Erneuerungen

Art. 259 OR — Wie bereits weiter vorne dargelegt, hat der **Mieter** während der Dauer des Vertrags für den **laufenden Unterhalt** (Reinigung, kleinere Reparaturen) zu sorgen. Als Faustregel gehört jede Auslage von bis zu ca. CHF 200 zum laufenden Unterhalt.

Beispiel — Bei Wohnräumen gehören die Reparatur eines tropfenden Wasserhahns, das Abdichten eines Fensters, der Ersatz einer Steckdose oder auch das Auswechseln eines Filters im Dampfabzug der Küche zum laufenden Unterhalt.

Art. 256 OR
Art. 257g OR
Art. 257h OR — Der **Vermieter** ist als Eigentümer der Mietsache verantwortlich für den **ausserordentlichen Unterhalt** (grosse Reparaturen, Erneuerungen). Entsprechende Mängel sind vom Mieter zu melden. Andernfalls muss er allfällige Folgeschäden selbst tragen. In der Folge hat der Mieter die notwendigen Arbeiten zu dulden, also z.B. bei Wohn- oder Geschäftsräumen den Handwerkern und auch dem Vermieter Zutritt zu gewähren.

Beispiel — Bei Wohnräumen gehören ein neuer Kochherd, der Ersatz alter Fenster, das Streichen der Wände nach ungefähr zehn Jahren oder auch eine neue Heizung zum aussergewöhnlichen Unterhalt.

Zwischen Mieter und Vermieter von Wohn- und Geschäftsräumen herrscht in der Praxis häufig Uneinigkeit bezüglich der Frage, ob ein Schaden am Mietobjekt der zu erwartenden Abnützung entspricht (Erneuerung zulasten des Vermieters), oder ob der Schaden wegen fehlender Sorgfalt durch den Mieter entstanden ist (Erneuerung zulasten des Mieters). In solchen Fällen werden Lebensdauertabellen beigezogen. Diese weisen für alle möglichen Bestandteile und Materialien aus, mit welcher Lebensdauer und mit welchen Kosten bei gewöhnlicher Benützung zu rechnen ist.

Beispiel — Die Lebensdauertabelle weist für eine Tapete mittlerer Qualität zehn Jahre Lebensdauer bei gewöhnlicher Nutzung aus. Müssen nun die Tapeten einer Mietwohnung bereits nach sieben Jahren ersetzt werden, weil der Mieter starker Raucher ist, muss dieser grundsätzlich 30% der Kosten übernehmen (für die drei Jahre vorzeitige Erneuerung).

Vorgehen bei Untätigkeit des Vermieters

Art. 259a ff. OR	Bleibt der Vermieter trotz ordnungsgemäss gemeldeten grösseren Mängeln untätig, hat der Mieter – je nach Schwere des Mangels – verschiedene Rechte:
Art. 259b lit. a OR	a) Er kann fristlos kündigen, wenn der Mangel einer unbeweglichen Sache eine erhebliche Beeinträchtigung darstellt oder der Mangel einer beweglichen Sache deren Tauglichkeit vermindert.
Art. 259b lit. b OR	b) Er kann den Mangel auf Kosten des Vermieters beseitigen lassen, wenn der Mangel die Tauglichkeit der Mietsache nicht erheblich beeinträchtigt.
Art. 259d OR	c) Er kann für die Dauer des Mangels eine verhältnismässige **Mietzinsreduktion** verlangen. Welche Reduktion für welchen Mangel verhältnismässig ist, lässt sich anhand früherer Gerichtsentscheide ableiten. So wurde zum Beispiel für eine mangelhafte Heizung eine Reduktion von 20% oder für undichte Fenster eine Reduktion von 10% des Mietzinses entschieden.
Art. 259e OR	d) Er kann **Schadenersatz** verlangen (z.B. wenn dem Mieter wegen der mangelhaften Heizung im Winter Krankheitskosten entstehen).
Art. 259g OR	e) Er kann bis zur Behebung des Mangels den Mietzins auf einem Sperrkonto hinterlegen (anstatt an den Vermieter zu leisten). Der Mieter muss dem Vermieter vorher schriftlich eine Nachfrist setzen und die **Hinterlegung des Mietzinses** (ebenfalls schriftlich) ankündigen.

9.2.5 Behörden und Verfahren

Bei Uneinigkeit betreffend Vertragspflichten können sich Mieter und Vermieter von Wohn- und Geschäftsräumen an die **kantonale Schlichtungsbehörde** (Gericht oder **Mietamt**) wenden. Diese vermittelt grundsätzlich kostenlos in einem einfachen und schnellen Verfahren zwischen den Parteien und fällt wenn nötig einen Entscheid.

Lösung Einführungsfall
Im Fall von Erwin Münger wäre er als Mieter berechtigt, den Mangel auf Kosten des Vermieters beseitigen zu lassen. Wahlweise hätte Erwin Münger auch das Recht, eine verhältnismässige Mietzinsreduktion und allfälligen Schadenersatz zu verlangen, den Mietzins auf einem Sperrkonto zu hinterlegen oder eventuell sogar fristlos zu kündigen (falls die Schlichtungsstelle die mangelhafte Heizung als erhebliche Beeinträchtigung einstuft).

A E-Aufgaben 5 bis 7, W-Aufgaben 8 bis 11

Mietvertrag

9.3 Beendigung des Mietvertrags

Einführungsfall

> Die Unternehmerin Xenia Jud hat vom Vermieter am 9. Januar die Kündigung für das in der Berner Altstadt gemietete Coiffeurlokal erhalten. Das bestehende Mietverhältnis werde per Mitte Jahr, also am 30. Juni, aufgelöst, steht im schriftlichen, vom Kanton Bern bewilligten Kündigungsformular. Im unbefristeten, schriftlichen Mietvertrag hatten die Vertragsparteien seinerzeit betreffend Vertragsauflösung nichts vereinbart. Xenia Jud ist jedoch bekannt, dass in der Stadt Bern Mietverträge für Wohn- und Geschäftsräume üblicherweise per 30. April oder 31. Oktober aufgelöst werden.
> Ist das Xenia Jud mitgeteilte Datum der Vertragsauflösung (30. Juni) rechtlich in Ordnung?

Da der Mietvertrag ein **Dauerschuldverhältnis** ist, stellt sich die Frage nach dem Zeitpunkt der Beendigung des Vertragsverhältnisses zwischen dem Mieter und dem Vermieter. Das Gesetz regelt eine ganze Reihe von möglichen Fällen.

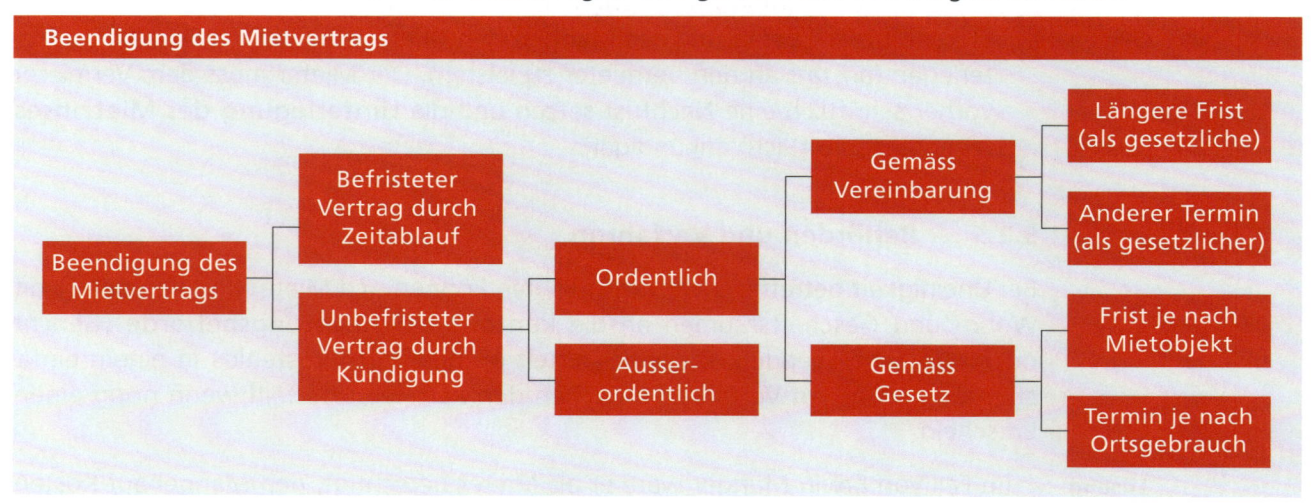

Beendigung des Mietvertrags

Beendigung des Mietvertrags:
- Befristeter Vertrag durch Zeitablauf
- Unbefristeter Vertrag durch Kündigung
  - Ordentlich
    - Gemäss Vereinbarung
      - Längere Frist (als gesetzliche)
      - Anderer Termin (als gesetzlicher)
    - Gemäss Gesetz
      - Frist je nach Mietobjekt
      - Termin je nach Ortsgebrauch
  - Ausserordentlich

Zeitablauf befristeter Verträge

Art. 266 OR Wurde der Mietvertrag für eine bestimmte Dauer abgeschlossen, endet er ohne Kündigung durch Ablauf der vereinbarten Zeit.

Kündigung unbefristeter Verträge

Art. 266a OR
→ 9.3.2
→ 9.3.3

Zeitlich unbefristet abgeschlossene Verträge können unter Einhaltung gesetzlicher oder längerer vereinbarter Fristen (Zeitdauer) auf bestimmte gesetzliche oder vereinbarte andere Termine (letzter Tag des Vertragsverhältnisses) gekündigt werden.

9.3.1 Form der Kündigung bei Wohn- und Geschäftsräumen

Art. 11 und 16 OR

An die **Form der Kündigung** von Mietverträgen werden bei Wohn- und Geschäftsräumen vergleichsweise hohe Anforderungen gestellt, während alle anderen Mietsachen ohne anderslautende Verabredung formfrei gekündigt werden können.

Kündigung durch den Mieter

Art. 266l Abs. 1 OR Der Mieter von Wohn- und Geschäftsräumen muss schriftlich kündigen, ohne jedoch bestimmte Formulare verwenden oder bestimmte Inhalte darlegen zu müssen (**einfache Schriftlichkeit**).

→ **4. Semester Kapitel 13**
Art. 266m OR Die gemeinsame Familienwohnung kann ein Ehegatte nur mit der ausdrücklichen Zustimmung des anderen kündigen. Gleiches gilt für die gemeinsame Wohnung eingetragener (gleichgeschlechtlicher) Partnerschaften.

Kündigung durch den Vermieter

Art. 266l Abs. 2 OR Der Vermieter von Wohn- und Geschäftsräumen muss mit einem amtlich bewilligten **Formular** kündigen, in welchem der Mieter auf seine rechtlichen Möglichkeiten hingewiesen wird (**qualifizierte Schriftlichkeit**).

Art. 266n OR Handelt es sich um die gemeinsame Wohnung von Ehepartnern oder eingetragenen Partnerschaften, so muss die Kündigung je separat an beide Ehegatten bzw. Partnerinnen oder Partner erfolgen.

9.3.2 Ordentliche Kündigungsfristen und -termine

Art. 266a OR Wurden durch die Vertragsparteien keine längeren Fristen oder andere Termine verabredet, so gelten je nach Mietsache die folgenden **gesetzlichen Kündigungsfristen und -termine**. Nach Ortsgebrauch gibt es häufig zwei bis drei Termine pro Jahr.

	Mietsache	Frist	Termin
Art. 266f OR	Bewegliche Sachen	3 Tage	Beliebiger Zeitpunkt
Art. 266e OR	Möblierte Zimmer und Einstellplätze	2 Wochen	Jeden Monat seit Vertragsbeginn
Art. 266c OR	Wohnungen	3 Monate	Ortsgebrauch oder alle drei Monate seit Vertragsbeginn
Art. 266d OR	Geschäftsräume	6 Monate	Ortsgebrauch oder alle drei Monate seit Vertragsbeginn

Beispiel Der Mieter kündigt am 5. März seine Mietwohnung. Ortsübliche Kündigungstermine sind der 30. April und der 31. Oktober. Ohne anderslautende Vereinbarung endet das Vertragsverhältnis am 31. Oktober.

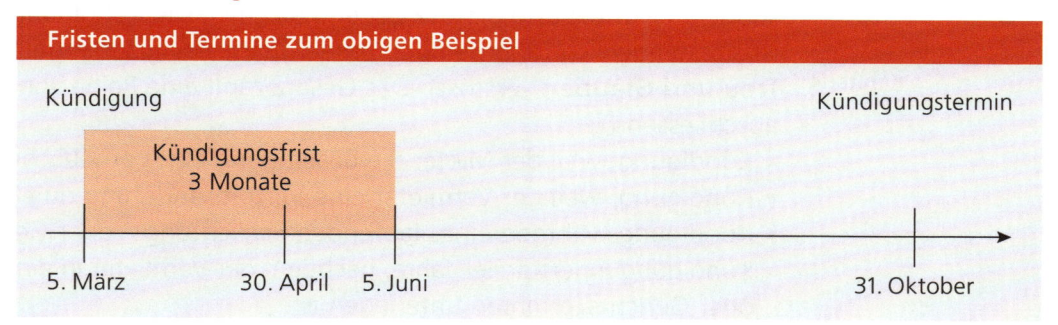

Fristen und Termine zum obigen Beispiel

Kündigung — Kündigungsfrist 3 Monate — Kündigungstermin

5. März — 30. April — 5. Juni — 31. Oktober

Mietvertrag

Lösung Einführungsfall | Im Fall von Xenia Jud kommt die gesetzliche Kündigungsfrist von sechs Monaten auf einen ortsüblichen Termin (30. April oder 31. Oktober) zur Anwendung. Mit der Kündigung durch den Vermieter am 9. Januar ist folglich der erste ordentliche Kündigungstermin der 31. Oktober, und nicht wie vom Vermieter mitgeteilt der 30. Juni.

9.3.3 Ausserordentliche Kündigung

Art. 264 OR — Eine **vorzeitige Rückgabe** der Mietsache durch den Mieter ist unabhängig von vereinbarten oder gesetzlichen Fristen und Terminen jederzeit möglich, wenn ein zahlungsfähiger **Ersatzmieter** bereit ist, den bestehenden Mietvertrag zu den gleichen Bedingungen zu übernehmen und dem Vermieter dadurch keine Nachteile entstehen. Die Kosten für das Suchen des Ersatzmieters (z.B. Auslagen für Inserate) gehen in solchen Fällen zulasten des Mieters.

Aus wichtigen Gründen kann das Vertragsverhältnis mit der gesetzlichen Frist auf einen beliebigen Termin oder sogar fristlos gekündigt werden (auch wenn eine längere Frist oder ein bestimmter Termin vereinbart wurde). Das Gesetz unterscheidet die folgenden Fälle einer **ausserordentlichen Kündigung**:

- → 9.2.2 — Der Mieter zahlt den Mietzins nicht.
- → 9.2.3 — Der Mieter verstösst in unzumutbarer Weise gegen die Sorgfaltspflicht (z.B. er beschädigt die Mietsache vorsätzlich).
- → 9.2.4 — Der Vermieter einer unbeweglichen Sache beseitigt einen erheblichen Mangel nicht.
- **Art. 266g OR** — Wichtige (unvorhersehbare) Gründe machen die Fortsetzung des Mietverhältnisses unzumutbar (z.B. bei einer Mietwohnung stirbt der Partner und Mitbewohner).
- **Art. 266h OR** — Der Mieter fällt in Konkurs und leistet keine Sicherheit.
- **Art. 266i OR** — Der Mieter stirbt.
- **Art. 266k OR** — Die Vermietung einer beweglichen Sache (Konsumgüter wie z.B. Fernseher) erfolgt im Rahmen einer gewerblichen Tätigkeit.

9.3.4 Kündigungsschutz bei Wohn- und Geschäftsräumen

Missbräuchliche Kündigung

Art. 271 OR
Art. 271a OR
→ **2. Semester Kapitel 4**

Der Mieter von Wohn- und Geschäftsräumen kann in bestimmten Fällen einen besonderen **Kündigungsschutz** geltend machen. Die Kündigung durch den Vermieter ist missbräuchlich (und dadurch anfechtbar), wenn sie gegen den **Grundsatz von Treu und Glauben** verstösst. Das Gesetz zählt eine Reihe von Verstössen auf (nicht abschliessend):

- Kündigung, weil der Mieter die Beseitigung eines erheblichen Mangels verlangt;
- Kündigung, weil der Vermieter eine Vertragsänderung durchsetzen will;
- Kündigung während eines laufenden Schlichtungs- oder Gerichtsverfahrens;
- Kündigung innert dreier Jahre, nachdem der Vermieter in einem Schlichtungs- oder Gerichtsverfahren unterlegen ist.

Erstreckung des Mietvertrags

Art. 272 OR Wenn die Kündigung für den Mieter oder seine Familie eine **besondere Härte** (schwerwiegender Nachteil) zur Folge hat, welche durch die Interessen des Vermieters nicht zu rechtfertigen ist, kann der Mieter eine Erstreckung des Mietvertrags verlangen. Die Erstreckung bewirkt, dass der Mietvertrag gegen den Willen des Vermieters (z.B. bei Wohnungen bis zu vier Jahre) bestehen bleibt. Ob eine **Härte für den Mieter** vorliegt, hat die Schlichtungsstelle aufgrund der **besonderen Umstände** zu beurteilen. Massgebend sind etwa die folgenden Fragen:
- Wie lange hat das Vertragsverhältnis schon gedauert?
- Wie sind die persönlichen, familiären und wirtschaftlichen Verhältnisse der Vertragsparteien?
- Hat der Vermieter einen dringenden Eigenbedarf?
- Wie stehen die Chancen des Mieters, auf dem örtlichen Markt ein vergleichbares Objekt zu vergleichbaren Bedingungen zu mieten?

Beispiel Die Mieterin mit einem bescheidenen Einkommen findet nach der Kündigung durch den Vermieter für ihre grosse Familie (Ehemann und fünf Kinder) am Arbeitsort und der näheren Umgebung keine passende Mietwohnung zu einem erschwinglichen Preis – auch nicht nach langer und aufwendiger Suche. Da der Mietvertrag bereits über zehn Jahre besteht, der Vermieter keinen Eigenbedarf oder andere besondere Gründe für die Kündigung geltend machen kann, spricht die Schlichtungsstelle unter Würdigung dieser Umstände eine Erstreckung von zwei Jahren aus.

Verfahren

Art. 273 OR Sowohl die **Anfechtung** einer missbräuchlichen Kündigung als auch das **Begehren um Erstreckung** bei unbefristeten Verträgen hat der Mieter innert 30 Tagen seit Empfang der Kündigung bei der **kantonalen Schlichtungsbehörde** einzureichen. Bei befristeten Verträgen hat das Begehren einer Erstreckung spätestens 60 Tage vor dem vereinbarten Vertragsende zu erfolgen.

A E-Aufgaben 12 bis 14, W-Aufgaben 15 und 16

Leistungsziele

1.5.3.7 Mietvertrag

- Ich erkläre die Merkmale und Unterschiede der Miete und des Leasings.
- Ich löse einfache Rechtsprobleme in den Bereichen missbräuchliche Mietzinsen, Mängel an der Mietsache und Kündigungsvorschriften (Termin, Frist) und zeige das Vorgehen bei Rechtsproblemen im Mietrecht auf.

Mietvertrag

E 9.1 Vertragsarten und deren Wesensmerkmale

1. Merkmale von Miete und Leasing

Ergänzen Sie die fehlenden rechtlichen Merkmale von Miete und Leasing in der nachstehenden Darstellung.

Merkmal	Mietvertrag	Leasingvertrag
Vertragsparteien	Mieter, Vermieter	
Vertragsform		Qualifizierte Schriftlichkeit
Gesetzliches Widerrufsrecht		
Zentraler Vertragsgegenstand		Gebrauchsüberlassung einer Sache
Vertragsdauer	Befristet oder unbefristet	
Vergütung (Entschädigung)	Mietzins	
Unterhalt der Sache		
Eigentumsübertragung bei Vertragsende		Kann vereinbart werden

2. Abgrenzung von Miete und Leasing

Beantworten Sie die folgenden Fragen zu Miete und Leasing.

a) Wie lautet der zentrale Vertragsgegenstand des Mietvertrags und des Leasingvertrags?

b) Welche beiden zentralen Vertragsgegenstände haben Miete und Leasing gemeinsam?

   1)

   2)

c) Worin unterscheidet sich der Unterhalt der überlassenen Mietsache vom Unterhalt der Leasingsache?

W 9.1 Vertragsarten und deren Wesensmerkmale

3. Abgrenzung von Miete und Leasing

Nennen Sie für jeden Sachverhalt die zutreffende Vertragsart der Gebrauchsüberlassung (Miete oder Leasing).

Sachverhalt	Vertragsart
Diese Vertragsart ist nicht im OR geregelt.	
Sie überweisen für Ihre Wohnung den Zins an den Hauseigentümer.	
Sie leihen sich am Bahnhof gegen Bezahlung ein Fahrrad aus.	
Sie lassen unter der Woche einen Kollegen für CHF 100 im Monat im Gästezimmer Ihrer eigenen Wohnung übernachten.	
Per vereinbartem Vertragsende werden Sie die überlassene Sache gegen Bezahlung von CHF 5000 zum Eigentum übernehmen.	

4. Sachverhalt zum Leasingvertrag

Peter Sonderegger hat als Leasingnehmer mit der Dorfgarage FLITZER AG einen Vertrag für einen neuen FIAT PUNTO abgeschlossen. Die vereinbarte monatliche Leasingrate beträgt CHF 160 bei einer Vertragsdauer von sechs Jahren.

a) Welche Form schreibt das Gesetz für den Vertrag zwingend vor? Wie heisst das massgebende Gesetz?

b) Innert welcher Frist hätte Peter Sonderegger vom Vertrag zurücktreten können?

c) Zählen Sie drei verschiedenartige Inhalte auf, die der Vertrag zwingend enthalten muss:

Mietvertrag

d) Aus welchen Gründen wird Peter Sondereggers finanzielle Belastung für den FIAT PUNTO über die monatlichen CHF 160 für die Leasingrate hinausgehen?

....

....

e) Weshalb ist die FLITZER AG gesetzlich verpflichtet, den Vertragsabschluss mit Peter Sonderegger der schweizerischen Informationsstelle für Konsumkredit zu melden?

....

....

E 9.2 Pflichten beim Mietvertrag

5. Pflichten beim Mietvertrag – Übersicht

Ergänzen Sie die folgende Übersicht mit den entsprechenden Fachbegriffen.

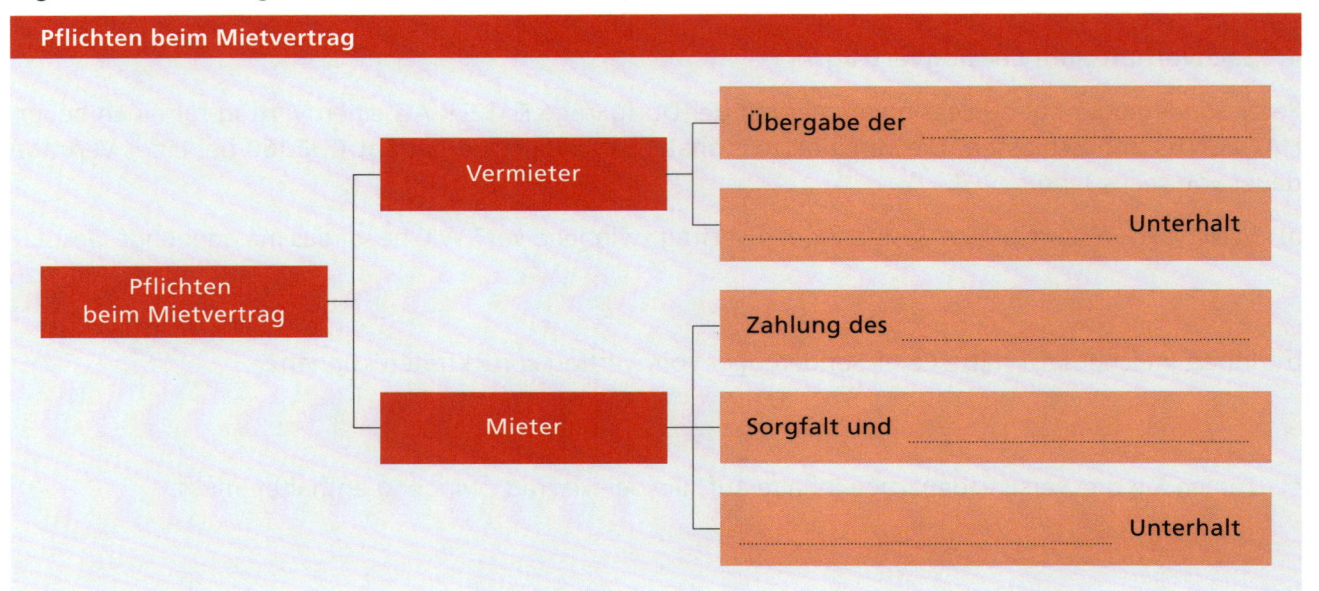

Pflichten beim Mietvertrag		
	Vermieter	Übergabe der ....
		.... Unterhalt
Pflichten beim Mietvertrag	Mieter	Zahlung des ....
		Sorgfalt und ....
		.... Unterhalt

Recht und Staat

6. Abschluss beim Mietvertrag – Aussagen

Kreuzen Sie an, ob die folgenden Aussagen richtig oder falsch sind.
Falsche Aussagen korrigieren Sie auf der Zeile darunter.

R	F	Aussage
☐	☐	Gemäss Gesetz können Mietverträge formfrei, also z.B. mündlich, abgeschlossen werden. In der Praxis üblich sind jedoch schriftliche Standardmietverträge.
☐	☐	Nach dem Vertragsabschluss hat der Mieter ein 14-tägiges gesetzliches Widerrufsrecht.
☐	☐	Der Mietvertrag kann über eine bestimmte oder unbestimmte Dauer abgeschlossen werden.
☐	☐	Eine Besonderheit des Mietrechts sind verschiedene Schutzbestimmungen zugunsten des Vermieters von Wohn- und Geschäftsräumen.
☐	☐	Gemäss OR kann der Vermieter von Wohnräumen eine Kaution von bis zu sechs Monatsmietzinsen verlangen.

7. Pflichten beim Mietvertrag

Kreuzen Sie jeweils an, ob es sich um eine Pflicht des Mieters und/oder des Vermieters handelt.

Pflicht	Mieter	Vermieter
Termingerechte Übergabe der Sache im tauglichen Zustand	☐	☐
Mietzins des Vormieters bekanntgeben	☐	☐
Auf Verlangen ein Mietzinsdepot hinterlegen	☐	☐
Nebenkosten übernehmen, wenn ein «Nettomietzins» vereinbart wurde	☐	☐
Nebenkosten übernehmen, wenn diesbezüglich nichts vereinbart wurde	☐	☐
Sorgfalt und Rücksichtnahme im Zusammenhang mit der Mietsache	☐	☐
Kleinere Reparaturen übernehmen	☐	☐
Erneuerungen und Ersatz nach Ablauf der Lebensdauer	☐	☐
Ordentliche Kündigungsfristen einhalten	☐	☐
Mietzins einem angemessenen Niveau anpassen	☐	☐

Mietvertrag

W 9.2 Pflichten beim Mietvertrag

8. Zahlungsverzug – Sachverhalt

Der langjährige Wohnungsmieter Anton Streitberger ist mit den fälligen Mietzinszahlungen für die Monate Juni und Juli im Rückstand. In der Folge übergibt ihm die Vermieterin Antonietta Eugster am 10. August 2018 einen Brief, der die rechtlichen Möglichkeiten der Vermieterin festhält.

a) Zählen Sie zum Zahlungsrückstand des Mieters die Tatbestandselemente des ersten Satzes in Art. 257d Abs. 1 OR auf.

b) Überlegen Sie gemäss Art. 257d Abs. 1 OR, wie die Vermieterin Antonietta Eugster den Brief formulieren muss. Geben Sie in vollständigen Sätzen den rechtlich wesentlichen Wortlaut wieder.

10. August 2018

Guten Tag Herr Streitberger

c) Mit welcher Massnahme hätte sich die Vermieterin im vorliegenden Fall gegen Zahlungsausfälle des Mieters absichern können?

Recht und Staat

9. Missbräuchliche oder angemessene Mietzinserhöhung

a) Kreuzen Sie bei allen Sachverhalten an, ob die jeweilige Mietzinserhöhung für eine Wohnung missbräuchlich oder angemessen ist. Begründen Sie alle Ihre Entscheide mit den Fakten gemäss Sachverhalt oder naheliegenden Vermutungen.

Sachverhalt	Miss-bräuchlich	Ange-messen
Die Erhöhung des Mietzinses erfolgt, nachdem dieser während 25 Jahren unverändert geblieben war.	☐	☐
Nach der Erhöhung liegt der Mietzins im Rahmen anderer vergleichbarer Mietwohnungen im Quartier.	☐	☐
Die Erhöhung des Mietzinses erfolgt, nachdem der Vermieter die Küche und das Bad erneuert und im Wohnzimmer einen Ofen eingebaut hat.	☐	☐
Nach der Mietzinserhöhung beträgt der Gewinn des Vermieters das Vierfache des üblichen Hypothekarzinses.	☐	☐

b) Kreuzen Sie alle Vorgehensweisen im Zusammenhang mit Mietzinserhöhungen an, die rechtlich zulässig sind.

Vorgehensweise	Zulässig
Der Vermieter teilt sie dem Mieter 20 Tage vor Beginn der Kündigungsfrist telefonisch mit.	☐
Der Vermieter kündigt sie dem Mieter 20 Tage vor Beginn der Kündigungsfrist mit bewilligtem Formular an.	☐
Der Mieter richtet seine Anfechtungsklage an die kantonale Schlichtungsbehörde.	☐
Der Mieter richtet seine Anfechtungsklage direkt an den Vermieter.	☐
Der Mieter vermutet eine missbräuchliche Erhöhung und überweist die folgenden Mietzinsen auf ein Sperrkonto.	☐

Mietvertrag

10. Sorgfalt und Rücksichtnahme – Sachverhalt

Arthur Küng ist seit Jahren Mieter einer 4-Zimmer-Wohnung in Stefan Leus Mehrfamilienhaus in Hinterkappelen. Nun herrscht «dicke Luft». Seit seiner Pensionierung vor einigen Monaten hat Arthur Küng ein neues Hobby: Er experimentiert seit dem Besuch eines entsprechenden Volkshochschulkurses mit Chemikalien. Die Experimente sind zwar ungefährlich, entwickeln aber regelmässig viel und übel riechenden Rauch, welcher sich jeweils in der ganzen Liegenschaft verteilt und erst nach Tagen ganz entwichen ist. Die übrige Mieterschaft hat sich schon mehrfach bei Arthur Küng und, nachdem dieser alle Vorhaltungen «in den Wind» geschlagen hat, auch beim Vermieter Stefan Leu beklagt. Dieser fordert Arthur Küng am 15. August per eingeschriebenen Brief auf, derartige Experimente in Zukunft zu unterlassen. Als schon zwei Tage später wiederum «Rauchzeichen» aus Arthur Küngs Wohnung aufsteigen, platzt dem Vermieter der Kragen. Er möchte nichts mehr mit einem derart uneinsichtigen Mieter zu tun haben.

a) Nennen Sie den massgebenden Gesetzesartikel inklusive Absatz und den vollständigen Tatbestand.

Gesetzesartikel:

Tatbestand:

b) Auf welches Datum kann der Vermieter Stefan Leu den Mietvertrag mit Arthur Küng frühestens kündigen? Begründen Sie Ihre Antwort.

Datum:

Begründung:

11. Mängel der Mietsache – Sachverhalt

Der Mieter Ruedi Rösli leidet seit Monaten unter der Tatsache, dass es täglich Stromausfälle in seiner Mietwohnung gibt. Ursache ist die vollkommen veraltete Elektroinstallation im Mietshaus. Der Vermieter wurde schon beim ersten Auftreten der Probleme darauf hingewiesen, unternommen hat er aber nichts. Vom Mietamt weiss Rösli, dass er das Recht hätte, zu kündigen.

a) Warum hat der Mieter Ruedi Rösli beim vorliegenden Mangel das Recht, fristlos zu kündigen?

b) Welche beiden Pflichten hat der Mieter Ruedi Rösli grundsätzlich bei derartigen Mängeln?

c) Welche anderen gesetzlichen Möglichkeiten hat der Mieter Ruedi Rösli, um den Vermieter unter Druck setzen zu können?

d) Welchen rechtlichen Schritt muss der Mieter Ruedi Rösli vornehmen, bevor er im vorliegenden Fall den Mietzins hinterlegen kann? Nennen Sie auch den massgebenden Gesetzesartikel.

e) Wer genau wird im amtlichen Verfahren zwischen Ruedi Rösli und seinem Vermieter den angemessenen Betrag festlegen, um welchen der Mietzins für die Dauer des Mangels herabgesetzt wird?

f) In welchem Fall müsste der Mieter Ruedi Rösli eine mangelhafte Elektroinstallation auf eigene Kosten instand stellen lassen müssen?

E 9.3 Beendigung des Mietvertrags

12. Form der Kündigung

Bestimmen Sie für jeden Sachverhalt die genaue Form der Kündigung. Geben Sie jeweils auch den oder die massgebenden Gesetzesartikel an.

a) In welcher Form muss der Mieter einer beweglichen Sache den unbefristeten Vertrag kündigen?

Form der Kündigung	Gesetzesartikel

b) In welcher Form muss der Mieter eines Geschäftsraumes den unbefristeten Vertrag kündigen?

Form der Kündigung	Gesetzesartikel

Mietvertrag

c) In welcher Form muss die Mieterin einer Wohnung den unbefristeten Vertrag kündigen, wenn es sich um die Familienwohnung eines Ehepaares handelt?

Form der Kündigung	Gesetzesartikel

d) In welcher Form muss der Vermieter einer Wohnung den unbefristeten Vertrag kündigen, wenn es sich um die Familienwohnung einer eingetragenen (gleichgeschlechtlichen) Partnerschaft handelt?

Form der Kündigung	Gesetzesartikel

e) In welcher Form muss der Vermieter eines Geschäftsraumes den befristeten Vertrag kündigen?

Form der Kündigung	Gesetzesartikel

13. Gesetzliche Kündigungsfristen und -termine

a) Nennen Sie für alle Sachverhalte die gesetzliche Kündigungsfrist und den gesetzlichen Kündigungstermin.

Ordentliche Kündigung …	Frist	Termin
einer beweglichen Sache		
einer Wohnung		
eines möblierten Zimmers		
eines Geschäftsraumes		

b) Inwiefern sind die gesetzlichen Kündigungsfristen und -termine bei Mietverträgen abänderbar?

c) Kreuzen Sie alle Sachverhalte an, bei denen ein ausserordentliches Kündigungsrecht besteht.

Sachverhalt	K
Der Mieter bezahlt den Mietzins nicht.	☐
Der Mieter verstösst geringfügig gegen die Sorgfaltspflicht.	☐
Der Vermieter beseitigt einen kleinen Mangel nicht.	☐

Sachverhalt	K
Der Mieter fällt ohne Sicherheiten in Konkurs.	☐
Der Mieter stirbt.	☐
Die Vermietung eines Konsumgutes erfolgt im Rahmen einer gewerblichen Tätigkeit.	☐

d) Welches sind die grundsätzlich geltenden Fristen und Termine bei einer ausserordentlichen Kündigung?

....

....

e) Nennen Sie alle erforderlichen Tatbestandsmerkmale, bei denen ein Mieter die Mietsache vorzeitig zurückgeben darf. Geben Sie auch den massgebenden Gesetzesartikel an.

....

....

....

14. Missbräuchliche Kündigung und Erstreckung

a) Kreuzen Sie für alle Sachverhalte an, ob die Kündigung eines Wohn- oder Geschäftsraumes durch den Vermieter missbräuchlich ist.

Kündigung ...	Miss-bräuchlich
weil der Mieter die Beseitigung eines erheblichen Mangels verlangt.	☐
weil der Mieter die Mietsache vorsätzlich schwer beschädigt hat.	☐
weil der Mieter in Konkurs ist.	☐
weil der Vermieter dadurch eine Vertragsänderung durchsetzen will.	☐
während eines laufenden Schlichtungsverfahrens beim Mietamt.	☐
zwei Monate nachdem der Vermieter in einem Gerichtsverfahren gegen den Mieter unterlegen ist.	☐
weil der Vermieter dringenden Eigenbedarf geltend macht.	☐

Mietvertrag

b) Nennen Sie die beiden erforderlichen Tatbestandsmerkmale, bei denen ein Mieter grundsätzlich eine Erstreckung des Mietverhältnisses gemäss Art. 272 Abs. 1 OR geltend machen kann.

....

....

....

c) Wie genau muss der Mieter vorgehen, wenn er die Erstreckung einer ordentlichen oder die Anfechtung einer missbräuchlichen Kündigung bewirken will? Geben Sie auch den massgebenden Gesetzesartikel an.

....

....

....

W 9.3 Beendigung des Mietvertrags

15. Gesetzliche Kündigungsfristen

Kreuzen Sie bei den folgenden Sachverhalten jeweils die gesetzliche Kündigungsfrist an. Annahme: Alle Vertragsverhältnisse wurden unbefristet vereinbart.

Sachverhalt	3 Tage	2 Wochen	30 Tage	3 Monate	6 Monate
Peter Hänggi wohnt während der Woche bei seiner Tante zur Miete in einem möblierten Zimmer. Nach Beendigung seiner Ausbildung braucht er das Zimmer nicht mehr.	☐	☐	☐	☐	☐
Hubert Wanner mietet eine Garage für sein Auto. Er wird in vier Monaten umziehen und informiert sich, wie lange die Kündigungsfrist dauert.	☐	☐	☐	☐	☐
Bruno Brunner löst sein Geschäft auf und hat keine Verwendung mehr für seine gemieteten Geschäftsräume.	☐	☐	☐	☐	☐
Patrizia Gerber vermietet ihre 3½-Zimmer-Wohnung seit drei Jahren an die Familie Wächter. Sie will im neuen Jahr die Wohnung an ihren Enkel Patrick vermieten.	☐	☐	☐	☐	☐
Karin Gutzwiller will als Clown verkleidet an die Fasnacht. Sie mietet ein Kostüm bei einem Verleih und will es vor Ostern zurückgeben.	☐	☐	☐	☐	☐
Auch nach der schriftlichen Mahnung mit Nachfrist ist Serge Meier nicht in der Lage, den Mietzins für seine Mietwohnung zu bezahlen. Der Vermieter will das Vertragsverhältnis so schnell wie möglich auflösen.	☐	☐	☐	☐	☐

16. Gesetzliche und vereinbarte Kündigungsfristen und -termine

Bestimmen Sie für die folgenden Sachverhalte das Datum der Vertragsauflösung. Ortsübliche Kündigungstermine sind der 30. April und der 31. Oktober.

a) Paulo Cabral, Hobbysänger, mietet mit seinen Kollegen am 1. April einen möblierten Kellerraum zum Üben. Betreffend Kündigungsfristen und -termine wurde nichts vereinbart. Nach vier Monaten trennt sich Paulo von seinen Kollegen und möchte den Mietvertrag so bald wie möglich auflösen.

b) Oliver Tschanz muss wegen eines neuen Arbeitsortes umziehen. Er kündigt seine Wohnung in Bümpliz am 28. Februar. Betreffend Kündigungsfristen und -termine wurde nichts vereinbart.

c) Die Sarah Spreiter AG fusioniert mit der Piero Gross AG. Deshalb werden neue Geschäftsräumlichkeiten bezogen und die alten nach fünf Jahren aufgegeben. Ende November 2018 kündigt die Sarah Spreiter AG den entsprechenden Mietvertrag. Betreffend Kündigungsfristen und -termine wurde nichts vereinbart.

d) Paulo Cabral hat seine Gesangskarriere nicht wie erwartet lancieren können. Sein teures Cabriolet wurde inzwischen gepfändet, weshalb er den seit dem 1. August gemieteten Einstellhallenplatz am 11. November nicht mehr braucht. Er kündigt den Mietvertrag am 25. November. Betreffend Kündigungsfristen und -termine wurde nichts vereinbart.

e) Oliver Tschanz macht in Luzern ein Praktikum vom 1. Juli bis 30. November. Er mietet dort ein Fahrrad, damit er sich besser fortbewegen kann. Der Mietvertrag wird auf die Dauer des Praktikums vereinbart. Am 15. Juli kommt es zu einem abrupten Abbruch des Praktikums, weil Oliver immer völlig verschwitzt und verspätet zur Arbeit erscheint. Das Velo braucht er nun nicht mehr.

10 Recht und Staat
Verträge auf Arbeitsleistung

Inhaltsverzeichnis

	Theorie	Aufgaben
10.1 Vertragsarten und deren Wesensmerkmale	**128**	140
10.2 Pflichten beim Einzelarbeitsvertrag	**131**	143
10.3 Beendigung des Einzelarbeitsvertrags	**135**	147
Leistungsziele		139

10 Verträge auf Arbeitsleistung

Einführungsfall

Ariane Keiser, 28-jährige Kauffrau, arbeitet als Vollzeitangestellte in der Personalabteilung der Firma Infotech AG in Nebikon (LU). An den Wochenenden (jeweils am Freitag- und Samstagabend) arbeitet sie daneben regelmässig gegen Bezahlung vier bis sechs Stunden an der Bar des Musiklokals «daYraY» in Zofingen (AG), welches von ihrer Freundin Vera Anderegg geführt wird. Als ihr Chef bei der Infotech AG, Nino Grilli, davon erfährt, verbietet er Ariane Keiser diese Nebenbeschäftigung und droht ihr mit Verweis auf das Arbeitsrecht die Kündigung an. Darf Nino Grilli der Mitarbeiterin Ariane Keiser die Nebenbeschäftigung in dem Musiklokal rechtlich verbieten?

Stehen im Rahmen eines Vertragsverhältnisses die menschliche Arbeit bzw. das Ergebnis dieser Arbeit im Mittelpunkt der Vereinbarung, so spricht man rechtlich von einem **Vertrag auf Arbeitsleistung**. Während einerseits eine Vertragspartei ihre Arbeitskraft zur Verfügung stellt, nimmt andererseits die Gegenpartei die angebotene Arbeitskraft gegen entsprechende Entschädigung in Anspruch.

10.1 Vertragsarten und deren Wesensmerkmale

Je nach Art der Arbeits- oder **Erwerbstätigkeit** unterscheidet das Gesetz verschiedene Ausprägungen von Verträgen auf Arbeitsleistung. Im Vordergrund stehen die folgenden Vertragsarten.

Arten von Verträgen auf Arbeitsleistung

Verträge auf Arbeitsleistung:
- Werkvertrag
- (Einfacher) Auftrag
- Arbeitsvertrag
  - Einzelarbeitsvertrag
  - Lehrvertrag
  - Gesamtarbeitsvertrag

10.1.1 Werkvertrag

Art. 363 ff. OR Wesentlicher Inhalt eines **Werkvertrags** ist die **Herstellung**, die **Änderung** oder die **Reparatur** eines Produkts (Sache oder Werk) gegen Bezahlung des entsprechenden **Werklohns**. Im Vordergrund steht also das Produkt als Resultat bzw. Erfolg der vertraglichen Arbeitsleistung. Die notwendige Arbeitskraft stellt in aller Regel ein selbstständiger Unternehmer (z. B. Handwerker) zur Verfügung. Dieser hat die Pflicht, das Werk gemäss vertraglicher Abrede mit dem Besteller termin- sowie sachgerecht anzufertigen und abzuliefern. Der Besteller seinerseits verpflichtet sich, die vertraglich vereinbarte oder bei fehlender Vereinbarung eine angemessene Vergütung zu leisten.

> **Merke**
> ➜ 2. Semester Kapitel 8
>
> Im Unterschied zum Kaufvertrag wird beim Werkvertrag nicht eine fertige, bereits bestehende Sache erworben, sondern eine gemäss Kundenwünschen noch zu erstellende Sache. Bei dieser Sache handelt es sich folglich stets um Speziesware (eine einmalige Sache).

Beispiel Im Rahmen von Werkverträgen erfolgt etwa der Bau oder die Renovation eines Gebäudes, die Gestaltung eines Gartens, die Herstellung eines Tisches nach Mass, die Installation einer Heizung, die Reparatur eines Fahrzeugs, die Änderung einer Hose, die Anfertigung eines Fotoalbums oder Kunstwerks, die Komposition eines Musikstücks oder die Gestaltung einer Internetseite.

10.1.2 (Einfacher) Auftrag

Art. 394 ff. OR Durch die Annahme eines **Auftrags** verpflichtet sich der Beauftragte (Auftragnehmer), als selbstständiger Unternehmer für den Auftraggeber bestimmte vertraglich vereinbarte **Dienstleistungen** zu erbringen. Der Auftraggeber schuldet dem Beauftragten für diese Arbeitsleistung eine **Vergütung**, falls eine solche verabredet oder üblich ist.

Beispiel Gegenstand von Aufträgen können das Erteilen von Nachhilfestunden sein, das Ausfüllen der Steuererklärung, das Hüten des Hundes des Nachbarn, die Führung der Buchhaltung, die Liegenschaftsverwaltung, die Stellenvermittlung, Arztbehandlungen, Beratungsdienstleistungen oder ein Konzert geben.

Im Gegensatz zum Werkvertrag ist beim Auftrag der Arbeitserfolg rechtlich nicht geschuldet. Der Beauftragte haftet demnach gegenüber dem Auftraggeber nicht für die erfolgreiche, sondern nur für die sorgfältige Abwicklung des übernommenen Auftrags. So hat beispielsweise ein Spital grundsätzlich nicht dafür einzustehen, wenn sich bei einem Patienten nach einer Blinddarmoperation die Genesung wegen Komplikationen verzögert. Eine Schadenersatzpflicht hätte das Spital nur, wenn der Patient unsorgfältig (d.h. nicht nach aktuellem medizinischem Standard) behandelt worden wäre.

10.1.3 Arbeitsvertrag

Art. 319 OR Wenn sich eine Person (Arbeitnehmer) vertraglich verpflichtet, für eine befristete oder unbefristete Zeit **Arbeit im Dienste eines Arbeitgebers gegen Lohn** zu leisten, liegt rechtlich ein **Arbeitsvertrag** vor. Da sich der bzw. die Arbeitende bei der Tätigkeit nach den Weisungen des Arbeitgebers zu richten hat (Unterordnungsverhältnis), spricht man im Zusammenhang mit diesem Vertrag auf Arbeitsleistung von unselbstständiger Arbeits- oder Erwerbstätigkeit. Im Mittelpunkt steht bei den Arbeitsverträgen der **Einzelarbeitsvertrag**.

Rechtsgrundlagen des Einzelarbeitsvertrags

Art. 361 OR
Art. 362 OR Rechtlich massgebend für den Einzelarbeitsvertrag ist insbesondere das Obligationenrecht. Da der Gesetzgeber den Arbeitnehmer als die schwächere Vertragspartei schützen will, finden sich darin häufig zwingende Rechtsvorschriften, welche ent-

Verträge auf Arbeitsleistung

Art. 319 Abs. 2 OR
weder gar nicht (zwingend) oder dann nur zugunsten des Arbeitnehmers (relativ zwingend) abgeändert werden können. Arbeitsrechtlich spielt es dabei keine Rolle, ob ein Arbeitnehmer Vollzeit- oder Teilzeitarbeit (stunden-, halbtage- oder tageweise) leistet. Die gesetzlichen Regeln des Einzelarbeitsvertrags kommen identisch zur Anwendung.

Art. 320 OR
Der rechtsgültige Abschluss eines Einzelarbeitsvertrags kann formfrei (d.h. auch mündlich) erfolgen. Für bestimmte vom Gesetz abweichende Regelungen ist hingegen die einfache Schriftlichkeit vorgeschrieben (so etwa eine eingeschränkte Entschädigung von Überstundenarbeit oder eine längere Probezeit). Zudem muss der Arbeitgeber den Arbeitnehmer über die Eckpunkte eines mündlich eingegangenen Arbeitsverhältnisses spätestens einen Monat nach Arbeitsbeginn schriftlich informieren.

Art. 321c Abs. 3 OR
Art. 335b Abs. 2 OR
Art. 330b OR

Neben dem Obligationenrecht regelt im Weiteren das **Arbeitsgesetz** (Bundesgesetz über die Arbeit in Industrie, Gewerbe und Handel) den Einzelarbeitsvertrag. Dieser Rechtserlass enthält ausschliesslich (absolut) zwingende Bestimmungen zu speziellen arbeitsrechtlichen Sachverhalten wie Nacht- und Sonntagsarbeit, wöchentlichen Höchstarbeitszeiten, Schutz jugendlicher Arbeitnehmer und schwangerer Frauen usw.

Weitere Arten von Arbeitsverträgen

Von Bedeutung sind neben dem Einzelarbeitsvertrag die folgenden zwei Arten von Arbeitsverträgen:

Art. 344 ff. OR
- **Lehrvertrag**
  Der Lehrvertrag regelt die arbeitsrechtlichen Belange zwischen der lernenden Person und dem Arbeitgeber (Lehrbetrieb) im Rahmen der **Berufslehre**. Da (jugendliche) Lernende grundsätzlich ein erhöhtes Schutzbedürfnis haben, sind die gesetzlichen Regeln im Vergleich zum Einzelarbeitsvertrag strenger.

Art. 356 ff. OR
- **Gesamtarbeitsvertrag**
  Mit einem Gesamtarbeitsvertrag werden in einem grossen Unternehmen (Post, SBB, Migros) oder in einer Branche (Bau, Maschinenindustrie, Gastgewerbe) **einheitliche arbeitsrechtliche Rahmenbedingungen** wie Mindestlohn, Arbeitszeit, Ferien, Überstundenarbeit oder Kündigungsfristen für alle Beteiligten geschaffen. Der Vertrag wird zwischen Arbeitgeber (Arbeitgeberverband) und Arbeitnehmerverband (Gewerkschaft) abgeschlossen. Im Gegensatz zum Gesamtarbeitsvertrag regelt der Einzelarbeitsvertrag nur das individuelle Arbeitsverhältnis mit einem einzelnen Arbeitnehmer. Bei sich widersprechenden Regelungen im Einzel- und Gesamtarbeitsvertrag gelten im Grundsatz die Bestimmungen des Gesamtarbeitsvertrags.

10.1.4 Abgrenzung der Verträge auf Arbeitsleistung

Die nachstehende Darstellung zeigt zusammengefasst die Abgrenzung der verschiedenen Verträge auf Arbeitsleistung anhand der wesentlichen rechtlichen Merkmale.

Merkmal	Werkvertrag	Auftrag	Einzelarbeitsvertrag
Vertragsparteien	Unternehmer, Besteller	Beauftragter, Auftraggeber	Arbeitnehmer, Arbeitgeber
Vertragsform	Formfrei	Formfrei	Formfrei (mit Ausnahmen)
Zentraler Vertragsgegenstand	Herstellung, Reparatur, Änderung von Werken (Produkten oder Sachen)	Erbringung von Dienstleistungen	Arbeitsleistung im Dienste des Arbeitgebers
Art der Erwerbstätigkeit	Selbstständige Erwerbstätigkeit	Selbstständige Erwerbstätigkeit	Unselbstständige Erwerbstätigkeit (Unterordnung)
Vergütung (Entschädigung)	Gemäss vertraglicher Vereinbarung, andernfalls angemessen	Nur falls vereinbart oder üblich	Vertraglich vereinbarter oder üblicher Lohn
Ordentliche Vertragsauflösung	Nur durch Besteller, jederzeit, form- und fristlos	Durch beide Vertragsparteien, jederzeit, form- und fristlos	Durch beide Vertragsparteien, mit Kündigungsfrist, formlos
Haftung für Ergebnis der Arbeitsleistung	Unternehmer haftet für die erfolgreiche, vertraglich vereinbarte Ausführung und Ablieferung des Werks.	Beauftragter haftet nicht für die erfolgreiche Abwicklung des Auftrags. Schadenersatz nur bei unsorgfältiger Besorgung.	Arbeitnehmer haftet nicht für die erfolgreiche Arbeitsverrichtung. Schadenersatz nur bei absichtlich oder grobfahrlässig verursachtem Schaden.

A E-Aufgaben 1 und 2, W-Aufgaben 3 und 4

10.2 Pflichten beim Einzelarbeitsvertrag

Durch den rechtsgültigen Abschluss eines Einzelarbeitsvertrags entstehen sowohl für den Arbeitnehmer als auch für den Arbeitgeber verschiedene Pflichten.

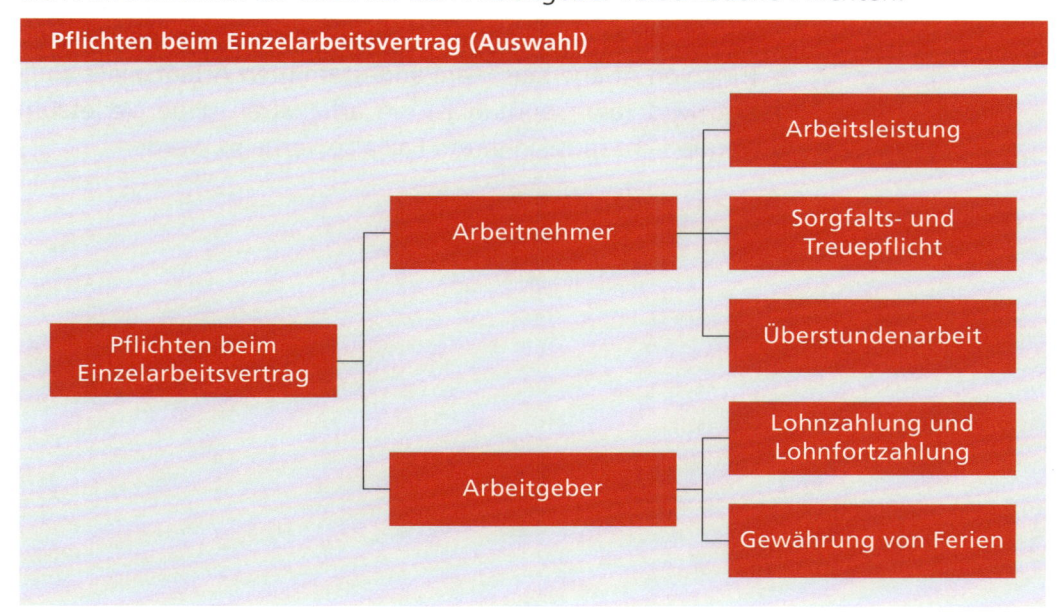

Pflichten beim Einzelarbeitsvertrag (Auswahl)

- Pflichten beim Einzelarbeitsvertrag
  - Arbeitnehmer
    - Arbeitsleistung
    - Sorgfalts- und Treuepflicht
    - Überstundenarbeit
  - Arbeitgeber
    - Lohnzahlung und Lohnfortzahlung
    - Gewährung von Ferien

Verträge auf Arbeitsleistung

10.2.1 Arbeitsleistung

Art. 321 OR
Art. 321d OR

Der Arbeitnehmer muss die vertragliche **Arbeitsleistung** – als seine wichtigste Pflicht – grundsätzlich persönlich erbringen. Er hat sich dabei an die vertraglich vereinbarten Arbeitszeiten zu halten und den Anordnungen des Arbeitgebers (wie z.B. betreffend Kleidervorschriften oder Arbeitsabläufen) Folge zu leisten.

10.2.2 Sorgfalts- und Treuepflicht

Art. 321a OR

Der Arbeitnehmer hat die ihm übertragene Arbeit sorgfältig auszuführen und die Interessen des Arbeitgebers stets zu wahren. In diesem Sinne ist er auch zur Verschwiegenheit verpflichtet, was Fabrikations- und Geschäftsgeheimnisse anbelangt (wie Produktionsverfahren, Finanz- oder Kundendaten usw.). **Nebenbeschäftigungen** gegen Entgelt (bei einem anderen Arbeitgeber oder auf eigene Rechnung) sind dem Arbeitnehmer nur erlaubt, wenn er seinen Arbeitgeber dadurch nicht konkurrenziert (gleiche Branche) und seine Leistung am angestammten Arbeitsplatz darunter nicht leidet.

Ganz allgemein hat der Arbeitnehmer somit alles zu unternehmen, was dem Arbeitgeber dient, und alles zu unterlassen, was diesem schadet.

Beispiele

Verstösse gegen die Sorgfalts- und Treuepflicht sind:
- einen Tag blaumachen
- wegen eines nächtlichen Partybesuchs übermüdet am Arbeitsplatz erscheinen
- über den Arbeitgeber in der Öffentlichkeit schlecht reden
- die unerlaubte private Nutzung von Geschäftseinrichtungen
- Qualitätskontrollen nicht ordentlich durchführen

Art. 321e OR

Fügt ein Arbeitnehmer in Verletzung der Sorgfalts- und Treuepflicht dem Arbeitgeber absichtlich oder grobfahrlässig einen Schaden zu, wird er ersatzpflichtig. So kann beispielsweise der Kranführer, der im Drogenrausch durch Fehlmanipulationen auf einer Baustelle Sachschäden anrichtet, finanziell zur Verantwortung gezogen werden. Wiegt ein solcher Fall schwer, kann der Arbeitgeber zudem die (weiter hinten

→ 10.3.2 thematisierte) fristlose Kündigung des Arbeitsverhältnisses aussprechen.

Lösung Einführungsfall

Im Fall von Ariane Keiser kann der Arbeitgeber die Nebenbeschäftigung nicht verbieten, da es sich nicht um eine konkurrenzierende Tätigkeit handelt und die Leistung von Ariane Keiser am angestammten Arbeitsplatz dadurch kaum beeinträchtigt wird (am Sonntag ist sie arbeitsfrei). Eine Verletzung der Sorgfalts- und Treuepflicht muss in ihrem Fall also verneint werden.

10.2.3 Überstundenarbeit

Art. 321c OR Als **Überstundenarbeit** gelten Arbeitsleistungen, welche der Arbeitnehmer zusätzlich zur vereinbarten Arbeitszeit zu erbringen hat. Falls die betrieblichen (nicht planbaren) Umstände es erfordern (z.B. Termindruck oder Krankheit eines Mitarbeiters), kann der Arbeitnehmer insofern zur Leistung von solchen Überstunden verpflichtet werden, als er sie zu leisten vermag und sie ihm nach Treu und Glauben zugemutet werden können. Sollten also beispielsweise gesundheitliche Gründe oder die Erfüllung von familiären Pflichten dagegenstehen, kann der Arbeitnehmer rechtlich nicht zu dieser Zusatzleistung angehalten werden.

Kompensiert wird die Überstundenarbeit gemäss Gesetz entweder mit Freizeit von mindestens gleicher Dauer oder dann mit einem Lohnzuschlag von mindestens 25 %.

Merke Durch schriftliche Vereinbarung im Einzelarbeitsvertrag oder durch einen Gesamtarbeitsvertrag sind vom Gesetz abweichende Regelungen zur Abgeltung von Überstunden möglich. So ist etwa die schriftliche Vertragsbestimmung, wonach Überstundenarbeit nicht entschädigt wird, rechtsgültig.

10.2.4 Lohnzahlung und Lohnfortzahlung

Art. 323 OR
Art. 322 OR Ohne anderslautende Vereinbarung hat die **Lohnzahlung** als wichtigste Pflicht des Arbeitgebers jeweils Ende Monat zu erfolgen. Die Höhe des Monatslohns richtet sich dabei nach der vertraglichen Abmachung. Fehlt eine entsprechende Vereinbarung, ist der Lohn geschuldet, der angemessen oder (branchen)üblich ist. Ein Anspruch auf den 13. Monatslohn besteht nur, falls dies im Vertrag (ausdrücklich oder stillschweigend) so festgehalten wurde. Befindet sich der Arbeitnehmer in einer finanziellen Notlage, hat er vor Ablauf des Monats grundsätzlich das Anrecht auf einen **Lohnvorschuss** für bereits geleistete Arbeit.

Lohnfortzahlung

Art. 324a Abs. 1 OR Ist der Arbeitnehmer **unverschuldet** und aus Gründen, die in seiner Person liegen, an der Arbeitsleistung **verhindert** (durch Unfall, Krankheit, Schwangerschaft, Militär), hat ihm der Arbeitgeber für eine beschränkte Zeit den darauf entfallenden Lohn weiter zu bezahlen, falls das Arbeitsverhältnis länger als drei Monate gedauert hat (d.h. erst ab dem vierten Arbeitsmonat).

Gemäss Gesetz sind keine Lohnfortzahlungen geschuldet in Fällen von höherer Gewalt, da hier der Grund der Arbeitsverhinderung nicht in der Person des Arbeitnehmers liegt (beispielsweise kann wegen eines Lawinenniedergangs der Arbeitsort nicht erreicht werden). Auch bei selbst verschuldeter bzw. veranlasster Absenz (Verbüssung einer Gefängnisstrafe oder Fahrstunden während der Arbeitszeit) sind keine Lohnfortzahlungen geschuldet.

Art. 324b OR Während die Lohnfortzahlung bei Unfall und Militärdienst des Arbeitnehmers regelmässig durch obligatorische Versicherungen abgedeckt ist, greift die obligationenrechtliche Lohnfortzahlungspflicht des Arbeitgebers somit insbesondere bei Krankheit und Schwangerschaft.

Art. 324a Abs. 2 OR Im ersten Dienstjahr ergibt sich bei Arbeitsverhinderung aus den genannten Gründen ein Anspruch auf Lohnfortzahlung für die Dauer von drei Wochen und in den Folgejahren für eine angemessene längere Zeit als diese drei Wochen. Die gemäss Gesetz angemessene längere Zeit haben die Gerichte näher definiert und entsprechende Richtwerte festgelegt. Als Beispiel dafür ist nachfolgend die sogenannte **Berner Skala** abgebildet.

Lohnfortzahlung bei Arbeitsverhinderung nach Berner Skala	
1. Dienstjahr (ab 4. Arbeitsmonat)	3 Wochen
2. Dienstjahr	1 Monat
3. und 4. Dienstjahr	2 Monate
5. bis 9. Dienstjahr	3 Monate
10. bis 14. Dienstjahr	4 Monate

Art. 324a Abs. 4 OR Bei diesen Werten handelt es sich um die Minimallösung. Durch schriftliche Vereinbarung oder einen Gesamtarbeitsvertrag kann eine (für den Arbeitnehmer vorteilhaftere) länger dauernde Lohnfortzahlung vereinbart werden.

Art. 324 OR Liegt der Grund der Arbeitsverhinderung beim Arbeitgeber (weil vielleicht die Aufträge ausgegangen sind oder eine Produktionsmaschine defekt ist), ist er stets zur Lohnzahlung an den Arbeitnehmer verpflichtet.

10.2.5 Gewährung von Ferien

Art. 329a OR Der Arbeitgeber hat seinen Arbeitnehmern pro Jahr mindestens **vier Wochen** bezahlte **Ferien** zu gewähren (d.h. bei einer 5-Tage-Woche mindestens 20 Arbeitstage, bei Teilzeitarbeit von z.B. wöchentlich 4 Halbtagen mindestens 8 Arbeitstage). Bis zum vollendeten 20. Altersjahr beträgt der jährliche Ferienanspruch überdies fünf Wochen. Für ein unvollständiges Dienstjahr gibt es anteilsmässig Ferientage (pro rata).

Art. 329c Abs. 2 OR Den **Zeitpunkt der Ferien** bestimmt der Arbeitgeber. Er hat dabei die Wünsche des Arbeitnehmers so weit zu berücksichtigen, als dies mit den Interessen des Betriebs vereinbar ist. Der angestellte Badmeister eines Freibads muss es sich also selbstverständlich gefallen lassen, wenn für ihn im Monat Juli eine **Feriensperre** gilt.

Art. 329d Abs. 2 OR
Art. 329c Abs. 1 OR Da Ferien der **Erholung** dienen, müssen sie gemäss Gesetz genommen werden und dürfen nicht durch Geldleistungen abgegolten werden, ausser bei Beendigung des Arbeitsverhältnisses (wenn der Arbeitnehmer nach Ablauf der Kündigungsfrist noch nicht alle ihm zustehenden Ferientage bezogen hat). Im Zeichen dieses Erholungsgedankens stehen auch die Gesetzesvorschriften, wonach die Ferien in der Regel im Verlauf eines Jahres zu gewähren sind und davon wenigstens zwei Wochen zusammenhängen müssen. Erkrankt oder verunfallt ein Arbeitnehmer in den Ferien, können diese Krankheits- oder Unfalltage zudem als verpasste Ferientage nachbezogen werden.

A E-Aufgaben 5 bis 7, W-Aufgaben 8 bis 10

10.3 Beendigung des Einzelarbeitsvertrags

Einführungsfall

Cécile Maurer arbeitet zwei Tage die Woche als Kassiererin in einem Lebensmittelgeschäft. Als sich eines Abends bei der Abrechnung in ihrer Kasse ein Fehlbetrag von knapp hundert Franken ergibt, wird sie von der Geschäftsführerin auf der Stelle fristlos entlassen.
Kann sich Cécile Maurer gegen diese fristlose Kündigung zur Wehr setzen?

Für die Beendigung eines Einzelarbeitsvertrags sind rechtlich verschiedene Gründe von Bedeutung.

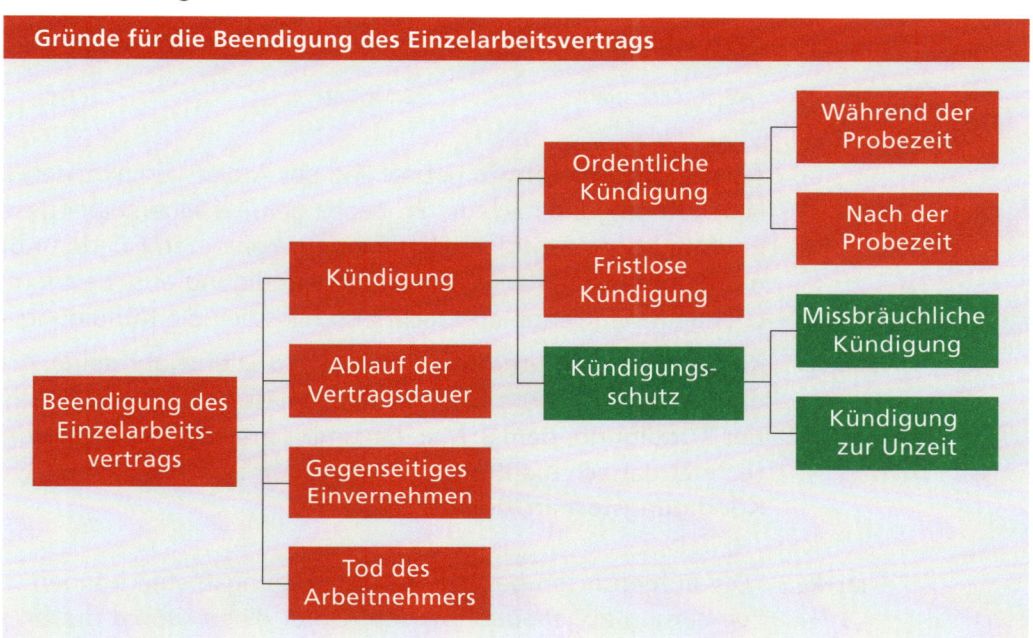

Gründe für die Beendigung des Einzelarbeitsvertrags

- Beendigung des Einzelarbeitsvertrags
  - Kündigung
    - Ordentliche Kündigung
      - Während der Probezeit
      - Nach der Probezeit
    - Fristlose Kündigung
    - Kündigungsschutz
      - Missbräuchliche Kündigung
      - Kündigung zur Unzeit
  - Ablauf der Vertragsdauer
  - Gegenseitiges Einvernehmen
  - Tod des Arbeitnehmers

10.3.1 Ordentliche Kündigung

Während der Probezeit

Art. 335b OR Nach Stellenantritt gilt gemäss Gesetz bei einem auf unbestimmte Zeit (unbefristet) abgeschlossenen Einzelarbeitsvertrag der erste Monat als **Probezeit**. Während dieser Probezeit kann das Arbeitsverhältnis von beiden Seiten jederzeit mit einer Kündigungsfrist von sieben Tagen ordentlich gekündigt werden.

Beispiel Ein Arbeitgeber kündigt einem Arbeitnehmer während der Probezeit am Dienstag, 12. Januar. Das Arbeitsverhältnis endet gemäss Gesetz am darauffolgenden Dienstag, 19. Januar.

Merke Die Dauer der Probezeit und die Kündigungsfrist während der Probezeit können durch schriftliche Vereinbarung im Einzelarbeitsvertrag abgeändert werden. Die Probezeit darf jedoch maximal drei Monate betragen.

Verträge auf Arbeitsleistung

Nach der Probezeit

Art. 335 OR — Nach der Probezeit kann ein unbefristetes Arbeitsverhältnis von den Vertragsparteien jederzeit ordentlich gekündigt werden. Eine bestimmte Form ist dafür rechtlich nicht zu beachten. Auf Verlangen muss die Kündigung jedoch schriftlich begründet werden. Die dabei von Arbeitgebern und Arbeitnehmern gleichermassen

Art. 335c OR — einzuhaltenden gesetzlichen **Kündigungsfristen** sind die folgenden:

Gesetzliche Kündigungsfristen		
Im 1. Dienstjahr	1 Monat	
Vom 2. bis zum 9. Dienstjahr	2 Monate	je auf das Ende eines Monats
Ab 10. Dienstjahr	3 Monate	

Als **Kündigungstermin** (letzter Tag des Arbeitsverhältnisses) kommt bei der ordentlichen Kündigung nach der Probezeit gemäss allgemeiner gesetzlicher Regelung nur ein Monatsende infrage. Um in einem konkreten Fall den Kündigungstermin zu ermitteln, geht man vom Datum der Kündigung aus, bestimmt danach das entsprechende Monatsende und rechnet schliesslich die Kündigungsfrist dazu.

Beispiel — Kündigt ein Arbeitnehmer im fünften Dienstjahr seine Arbeitsstelle am 3. Mai, dann endet das Arbeitsverhältnis gemäss Gesetz am 31. Juli (ausgehend vom Tag der Kündigung, dem 3. Mai, bestimmt man das nächste Monatsende, den 31. Mai, rechnet danach die Kündigungsfrist von zwei Monaten dazu und kommt so zum Kündigungstermin, dem 31. Juli).

Merke — Die aufgeführten gesetzlichen Kündigungsfristen können durch schriftliche Vereinbarung abgeändert werden. Unter einen Monat dürfen sie aber nicht herabgesetzt werden (ausser im Rahmen eines Gesamtarbeitsvertrags und nur für das erste Dienstjahr). Die Kündigungsfristen für Arbeitgeber und Arbeitnehmer müssen

Art. 335a OR — dabei identisch sein (wurden trotzdem unterschiedliche Fristen abgemacht, gilt gemäss Gesetz für beide Parteien immer die längere).

10.3.2 Fristlose Kündigung

Art. 337 OR — **Aus wichtigen Gründen** kann der Einzelarbeitsvertrag ausnahmsweise ohne Einhaltung der gesetzlichen oder vereinbarten Kündigungsfrist sowohl vom Arbeitgeber wie auch vom Arbeitnehmer per sofort für beendet erklärt werden. Eine solche **fristlose Kündigung** führt unmittelbar zur Einstellung der Arbeitsleistung und der entsprechenden Lohnzahlung.

Wichtige Gründe

Als rechtlich wichtig gelten Gründe, bei deren Vorhandensein der kündigenden Partei die Fortsetzung des Arbeitsverhältnisses nicht mehr zugemutet werden kann. Folgende Fälle stehen dafür:
- Gewaltanwendung (Tätlichkeiten)
- Üble Beschimpfung
- Diebstahl oder Veruntreuung
- Sexuelle Belästigung

- Fälschung der Stunden- oder Spesenabrechnung
- Wiederholte Arbeitsverweigerung
- Absichtliche Schlechterfüllung
- Sachbeschädigung
- Konkurrenzierung des Arbeitgebers (Schwarzarbeit)
- Verraten von Geschäftsgeheimnissen
- Zahlungsunfähigkeit des Arbeitgebers

Art. 337c OR Wird ein Mitarbeiter zu Unrecht (ohne rechtlich wichtigen Grund) fristlos entlassen, kann dieser zwar nicht auf Weiterbeschäftigung klagen. Er hat aber Anspruch auf Lohnzahlung bis Ende Kündigungsfrist und allfällig auf eine zusätzliche Entschädigung von maximal sechs Monatslöhnen für das widerfahrene Unrecht. Zur Durchsetzung seiner Ansprüche wendet sich der Mitarbeiter an die amtliche Schlichtungsstelle.

Selbstverständlich ist der Arbeitgeber berechtigt, nach einer ordentlichen Kündigung jederzeit auf die Arbeitsleistung des betreffenden Arbeitnehmers zu verzichten und ihn zu beurlauben (**Freistellung**). Er muss ihm bis zum Ablauf der Kündigungsfrist einfach den Lohn weiterbezahlen (dies im Unterschied zur gerechtfertigten fristlosen Kündigung).

Lösung Einführungsfall Im Fall von Cécile Maurer liegt kein gemäss Gesetz wichtiger Grund vor, der eine fristlose Kündigung rechtfertigen würde. Bei der Ursache für den Fehlbetrag handelt es sich offenbar nur um eine einfache fahrlässige Schlechterfüllung. Gegen die fristlose Kündigung kann sich Cécile Maurer somit arbeitsrechtlich zur Wehr setzen. Je nach Einschätzung der Arbeitssituation und ihrer Fähigkeiten kann Cécile Maurer gemäss Art. 321e OR jedoch zum Ersatz des Fehlbetrags in der Kasse verpflichtet werden.

10.3.3 Kündigungsschutz

Für bestimmte Situationen kennt das Gesetz Schutzbestimmungen zugunsten der Person, welche die Kündigung erhalten hat.

Missbräuchliche Kündigung

Art. 336 OR Einen gewissen Rechtsschutz geniesst der Arbeitnehmer bei einer **missbräuchlichen Kündigung** durch den Arbeitgeber. Bei einer missbräuchlichen Kündigung wird die Kündigungsfrist zwar eingehalten. Aber die Kündigung wird wegen einer bestimmten Eigenschaft des Arbeitnehmers ausgesprochen, die arbeitsrechtlich eigentlich nicht beachtet werden dürfte, oder weil der Arbeitnehmer zu Recht vertragliche Ansprüche aus dem Arbeitsverhältnis geltend macht.

Beispiele Missbräuchliche Kündigungsgründe sind:
- Religionszugehörigkeit
- Herkunft
- Sexuelle Ausrichtung
- Geschlecht
- Alter
- Krankheit (ohne Zusammenhang mit dem Arbeitsverhältnis)
- Verbüsste Haftstrafe (ohne Zusammenhang mit dem Arbeitsverhältnis)

Verträge auf Arbeitsleistung

- Zugehörigkeit zu einer Gewerkschaft
- Politisches Engagement
- Häufiger Militärdienst
- Der Arbeitnehmer macht die versprochene Überstundenentschädigung geltend.
- Der Arbeitnehmer fordert die vertraglich vereinbarte Lohnerhöhung.

Art. 336a OR
Art. 336b OR
Eine missbräuchliche Kündigung ist gemäss Gesetz zwar gültig, es besteht also nicht das Recht auf Weiterbeschäftigung. Hingegen hat der Arbeitnehmer das Anrecht auf eine Entschädigung bis maximal sechs Monatslöhne (über die Kündigungsfrist hinaus). Er muss dazu gegen die Kündigung beim Arbeitgeber schriftlich Einsprache erheben und seine Ansprüche geltend machen. Wird keine Einigung erzielt, setzt schliesslich der Richter auf Klage des Arbeitnehmers hin die Höhe der Entschädigung fest.

Kündigung zur Unzeit (Kündigungssperre)

Art. 336c Abs. 1 OR
Nach Ablauf der Probezeit darf der Arbeitgeber das Arbeitsverhältnis mit dem Arbeitnehmer in bestimmten Situationen nicht kündigen. Das Gesetz spricht im Zusammenhang mit dieser **Kündigungssperre** von **Kündigung zur Unzeit**. Sie gilt in den folgenden Fällen:

- während des Militär-, Zivilschutz- oder Zivildienstes; zusätzlich 4 Wochen vor- und nachher, wenn der Dienst mehr als 11 Tage dauert
- bei Krankheit oder Unfall des Arbeitnehmers (und er deshalb ganz oder teilweise an der Arbeitsleistung verhindert ist):
  - im 1. Dienstjahr (nach der Probezeit) während 30 Tagen
  - vom 2. bis zum 5. Dienstjahr während 90 Tagen
  - ab dem 6. Dienstjahr während 180 Tagen
- während der Schwangerschaft und 16 Wochen nach der Geburt

Diese Fristen dürfen (zugunsten des Arbeitnehmers) verlängert werden.

Art. 336c Abs. 2 OR
Eine während der oben erwähnten **Sperrfristen** erfolgte Kündigung ist nichtig (ungültig). Rechtlich wirksam wird die Kündigung nur, wenn sie nach Ablauf der Sperrfrist nochmals ausgesprochen wird.

Erhält ein Arbeitnehmer vor Beginn einer Sperrfrist die Kündigung, wird die ordentliche Kündigungsfrist unterbrochen und nach Ablauf der Sperrfrist (um die restlichen Tage) fortgesetzt. In diesem Fall ist die Kündigung also rechtsgültig, aber der Kündigungstermin (letzter Tag des Arbeitsverhältnisses) verschiebt sich nach hinten. Das nachstehende Beispiel verdeutlicht dies.

Beispiel
Am 16. Juni wird einer Arbeitnehmerin im zweiten Dienstjahr die Stelle auf Ende August rechtsgültig gekündigt. Am 7. August erkrankt die Arbeitnehmerin schwer und ist gemäss Arztzeugnis während sieben Wochen arbeitsunfähig. Durch diese Erkrankung wird die ordentliche Kündigungsfrist von zwei Monaten ab dem 7. August um sieben Wochen (49 Tage) unterbrochen und danach am 24. September wieder fortgesetzt. Entsprechend verschiebt sich der Kündigungstermin von Ende August nach hinten auf Ende Oktober.

Beispiel Sperrfrist und Verschiebung des Kündigungstermins

| Kündigungsfrist (37 Tage) | Sperrfrist (7 Wochen / 49 Tage) | Rest Kündigungsfrist (24 Tage / Monatsende) |

Juni 16. – Erhalt Kündigung | Juli | Aug. 7. – Erkrankung | Sept. | 24. – Fortsetzung Kündigungsfrist | Okt. | 31. – Kündigungstermin

Könnte die Arbeitnehmerin wegen ihrer Krankheit die Arbeit gar nicht mehr aufnehmen, würde die Kündigungsfrist ab dem 7. August um die gemäss Art. 336c OR vollen 90 Tage Sperrfrist unterbrochen, und der Kündigungstermin käme entsprechend auf Ende November zu liegen.

Merke Die Dauer der Kündigung zur Unzeit darf nicht gleichgesetzt werden mit der Dauer der Lohnfortzahlung. Die entsprechenden im Gesetz festgeschriebenen Fristen sind nicht identisch. Zudem gilt die Kündigung zur Unzeit oder Kündigungssperre nicht bei einer Kündigung durch den Arbeitnehmer.

10.3.4 Ablauf der Vertragsdauer

Art. 334 OR Wird ein Arbeitsverhältnis vertraglich für eine bestimmte Zeit eingegangen (befristete Anstellung eines Fussballtrainers für zwei Jahre oder Saisonstelle von Dezember bis März in einer Skibar), endet der Einzelarbeitsvertrag ohne Kündigung automatisch mit Ablauf der Vertragsdauer.

10.3.5 Weitere Beendigungsgründe

Art. 115 OR Arbeitgeber und Arbeitnehmer haben rechtlich natürlich immer auch die Möglichkeit, ein bestehendes Arbeitsverhältnis jederzeit durch **gegenseitiges Einvernehmen** (Einverständnis) ohne Beachtung einer Kündigungsfrist aufzulösen. Häufig passiert das gegen Bezahlung einer Abfindungssumme.

Art. 338 OR Ferner erlischt ein Einzelarbeitsvertrag mit dem Tod des Arbeitnehmers.

A E-Aufgaben 11 und 12, W-Aufgaben 13 bis 15

Leistungsziele

1.5.3.6 Verträge auf Arbeitsleistung

- Ich erkläre die Merkmale und Unterschiede des Arbeitsvertrags, des Werkvertrags und des Auftrags.
- Ich löse einfache Rechtsprobleme in den Bereichen Vertragsauflösung, Überstunden, Lohnfortzahlung, Ferienanspruch, Sorgfalts- und Treuepflicht anhand des OR.

Verträge auf Arbeitsleistung

E 10.1 Vertragsarten und deren Wesensmerkmale

1. Abgrenzung Verträge auf Arbeitsleistung

Ergänzen Sie die unten abgebildete Übersicht, indem Sie in jeden leeren Kasten die entsprechenden Gesetzesartikel (jeweils den ersten Artikel im OR) und die passenden rechtlichen Begriffe bzw. Formulierungen einsetzen.

Merkmal	Werkvertrag	Auftrag	Einzelarbeitsvertrag
OR-Artikel			
Vertragsparteien			
			Formfrei (mit Ausnahmen)
Zentraler Vertragsgegenstand			
Art der Erwerbstätigkeit		Selbstständige Erwerbstätigkeit	
Haftung für Ergebnis der Arbeitsleistung	Unternehmer haftet für erfolgreiche Ausführung des Werks.		

2. Aussagen zu Verträgen auf Arbeitsleistung

Kreuzen Sie an, ob die unterstrichenen Teile der nachfolgenden Aussagen zu den Verträgen auf Arbeitsleistung richtig oder falsch sind. Falsche Aussagen berichtigen Sie auf der leeren Zeile.

R	F	Aussage
☐	☐	Ein Auftrag kann von den Vertragsparteien jederzeit und formlos gekündigt werden.
☐	☐	Für den rechtsgültigen Abschluss eines Werkvertrags ist die einfache Schriftlichkeit vorgeschrieben.
☐	☐	Beim Werkvertrag geht es um die Besorgung von Dienstleistungen.
☐	☐	Der Lehrvertrag gilt rechtlich als Arbeitsvertrag.

R	F	Aussage
☐	☐	Im Zusammenhang mit einem Arbeitsvertrag spricht man von selbstständiger Erwerbstätigkeit.
☐	☐	Die Vertragspartei, die beim Auftrag ihre Arbeitskraft zur Verfügung stellt, wird rechtlich Arbeitnehmer genannt.
☐	☐	Im Rahmen eines Werkvertrags wird eine bestehende, fertige Sache erworben.
☐	☐	Der Beauftragte haftet gegenüber dem Auftraggeber für die erfolgreiche Abwicklung des Auftrags.
☐	☐	Ein Einzelarbeitsvertrag kann im Grundsatz formfrei abgeschlossen werden.

W 10.1 Vertragsarten und deren Wesensmerkmale

3. Sachverhalt zu Verträgen auf Arbeitsleistung

Familie Kramer bestellt am 14. April bei der Möbelschreinerei Odermatt einen Tisch, der genau in die Essnische ihrer neuen Wohnung passt. Die Möbelschreinerei Odermatt verpflichtet sich vertraglich, den Tisch gemäss den speziellen Kundenvorgaben anzufertigen und spätestens am 31. Mai gegen Barzahlung von CHF 4500 auszuliefern.

Kreuzen Sie alle auf den oben beschriebenen Vertrag zutreffenden Begriffe an.

☐ Fahrniskauf
☐ Selbstständige Erwerbstätigkeit
☐ Arbeitsvertrag
☐ Auftrag
☐ Fixgeschäft

☐ Formfreier Vertragsabschluss
☐ Werkvertrag
☐ Dienstleistung
☐ Speziesware
☐ Relativ zwingender Vertrag

Verträge auf Arbeitsleistung

4. Unterscheidung Verträge

Geben Sie an, ob es sich bei den nachfolgenden Umschreibungen jeweils um einen Werkvertrag, einen Auftrag, einen Arbeitsvertrag oder einen Kaufvertrag handelt.

Umschreibung	Vertragsart
Ein Tennisclub verpflichtet für zwei Jahre einen Trainer.	
Hermann Brunner wird von einem Transportunternehmen als Chauffeur eingestellt.	
Ein Kunstmaler fertigt für einen Kunden eine Porträtzeichnung an.	
Die Post schliesst Lohnverhandlungen mit dem Personalverband durch einen Vertrag ab.	
Ein Fotograf macht an einer Hochzeit Fotos.	
Ein Hauseigentümer beauftragt einen Treuhänder mit dem Verkauf seines Hauses.	
Raphael Roos erledigt für seine Freundin, Inhaberin eines Elektrofachgeschäfts, regelmässig die anfallenden Büroarbeiten. Dafür bezahlt diese die Miete der gemeinsamen Wohnung.	
Eine Schneiderin näht für eine Kundin ein Fasnachtskleid.	
Liliane Rohner reinigt jeden Donnerstagabend die Räumlichkeiten der Arztpraxis Dr. Schmid.	
Für einen Unterhaltungsabend wird ein Komiker engagiert.	
Petra Sommer kauft in einem Möbelgeschäft einen neuen Esstisch.	
Petra Sommer lässt sich von einer Möbelschreinerei einen neuen Schrank nach Mass fertigen.	
Eine Autogarage repariert gemäss Kostenvoranschlag ein Unfallauto.	
Eine Bank kauft an der Börse für einen Kunden Aktien.	
Ein Tourist bestellt für die Fahrt zum Flughafen ein Taxi.	
Ein Arzt behandelt die Schnittwunde eines Kindes.	
Eine Werbeagentur gestaltet für einen Detailhändler gegen ein Honorar einen Werbeprospekt.	
Ein 18-jähriger Schüler hilft dem Hauswart in den Ferien eine Woche beim Putzen des Schulhauses und erhält dafür CHF 18 die Stunde.	

E 10.2 Pflichten beim Einzelarbeitsvertrag

5. Pflichten der Vertragsparteien

Ergänzen Sie die folgende Grafik mit den wichtigsten Pflichten von Arbeitgeber und Arbeitnehmer.

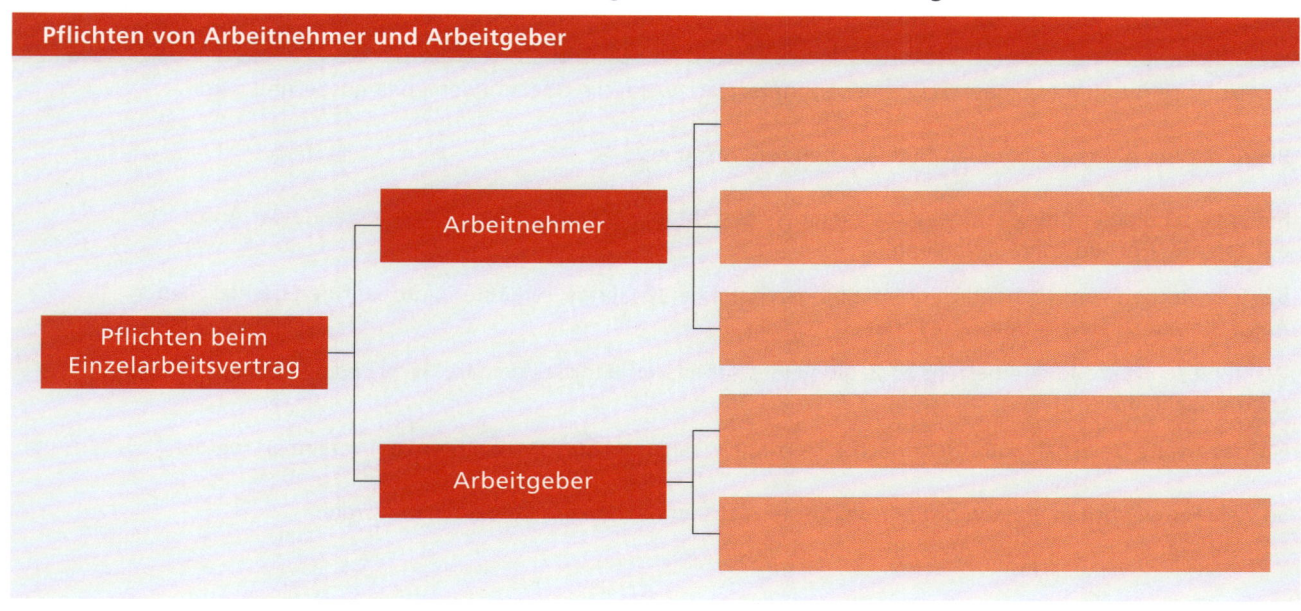

Pflichten von Arbeitnehmer und Arbeitgeber

Pflichten beim Einzelarbeitsvertrag
- Arbeitnehmer
  - ...
  - ...
  - ...
- Arbeitgeber
  - ...
  - ...

6. Gesetzesartikel zu Pflichten beim Einzelarbeitsvertrag

Zitieren Sie die OR-Artikel mit Absatz, in denen die unten beschriebenen arbeitsrechtlichen Regeln enthalten sind.

Arbeitsrechtliche Regel	OR-Artikel mit Absatz
Der Arbeitnehmer darf keine Nebenbeschäftigungen gegen Entgelt ausüben, wenn er damit seinen Arbeitgeber konkurrenziert.	
Arbeitgeber und Arbeitnehmer können schriftlich vereinbaren, dass Überstundenarbeit nicht mit Freizeit oder Lohn abgegolten wird.	
Einem Buchhalter dürfen im Monat Januar wegen des grossen Arbeitsanfalls während der Erstellung des Jahresabschlusses Ferien verweigert werden.	
Wenn eine Arbeitnehmerin wegen eines Streiks des Flugpersonals nicht rechtzeitig von den Ferien zurückkehrt, besteht kein Recht auf Lohnfortzahlung für die dadurch verpasste Arbeitszeit.	
Fügt ein Arbeitnehmer seinem Arbeitgeber wegen grober Fahrlässigkeit einen Schaden zu, wird dieser ersatzpflichtig.	
Der Arbeitgeber kann verlangen, dass der Arbeitnehmer die vertraglich vereinbarte Arbeit im Geschäft und nicht zu Hause verrichtet.	
Der Arbeitgeber darf Lohnvorschüsse nicht grundsätzlich verweigern.	
Bei Militärdienst besteht keine Lohnfortzahlungspflicht des Arbeitgebers, da die Lohnzahlung durch eine obligatorische Versicherung abgedeckt ist.	

Verträge auf Arbeitsleistung

7. Pflichten beim Einzelarbeitsvertrag in Zahlen

Ordnen Sie die folgenden Zahlen der richtigen Beschreibung zu. Fünf Zahlen sind einmal einzusetzen, eine Zahl ist zweimal einzusetzen.

2   3   4   6   20   25

Beschreibung	Zahl
So viel Prozent beträgt gemäss Gesetz der Lohnzuschlag, wenn die Überstundenarbeit ausbezahlt wird.	
Bis zu diesem Altersjahr hat man fünf Wochen Ferien zugute.	
Bei unverschuldeter Krankheit des Arbeitnehmers besteht im ersten Dienstjahr gemäss Gesetz der Anspruch auf so viele Wochen Lohnfortzahlung.	
Bei Teilzeitarbeit von wöchentlich drei Halbtagen hat eine 32-jährige Verkäuferin pro Jahr den gesetzlichen Anspruch auf so viele Arbeitstage Ferien.	
Während so vieler Monate besteht zu Beginn eines Arbeitsverhältnisses gemäss Gesetz kein Recht auf Lohnfortzahlung.	
Für das zweite Dienstjahr kann schriftlich eine Lohnfortzahlung von so vielen Monaten vereinbart werden.	
So viele Ferienwochen müssen pro Jahr mindestens zusammenhängend genommen werden.	

W 10.2   Pflichten beim Einzelarbeitsvertrag

8. Beurteilung Einzelarbeitsvertrag

Kreuzen Sie bei den nachstehenden Bestimmungen aus einem Einzelarbeitsvertrag diejenigen an, welche gegen die entsprechenden Gesetzesvorschriften im Obligationenrecht verstossen. Gegen das Gesetz verstossende Bestimmungen begründen Sie auf der leeren Zeile.

Widerrechtlich	
☐	Für den Arbeitnehmer gilt die 5-Tage-Woche von Montag bis Freitag. Die tägliche Arbeitszeit beträgt 8½ Stunden und ist von 8 bis 12 Uhr sowie von 13 bis 17.30 Uhr zu leisten.
☐	Überstunden sind auf Verlangen des Arbeitgebers jederzeit zu leisten. Die ersten zehn Überstunden pro Monat werden nicht entschädigt. Die darüber hinausgehenden Überstunden werden mit 10 % Lohnzuschlag abgegolten.

Widerrechtlich	
☐	Der Lohn beträgt CHF 4800 monatlich und wird jeweils am 25. Kalendertag des betreffenden Monats ausbezahlt.
☐	Es wird vom Arbeitnehmer ein gepflegtes Erscheinungsbild erwartet. Insbesondere bei Kundenkontakten werden hohe Ansprüche an die Kleidung gestellt.
☐	Der Ferienanspruch des Arbeitnehmers beträgt pro Jahr sechs Wochen. Es darf maximal eine Woche auf einmal bezogen werden. Nicht bezogene Ferien können nicht ins nächste Jahr übertragen werden. Diese werden mit 20 % Lohnzuschlag ausbezahlt.
☐	Nach der Probezeit besteht bei unverschuldeter krankheits- oder unfallbedingter Abwesenheit des Arbeitnehmers unabhängig von den Dienstjahren eine Lohnfortzahlungspflicht des Arbeitgebers von generell einem Monat. Vorbehalten bleibt eine allfällige Versicherungsdeckung des Lohnausfalls.
☐	Entgeltliche Nebenbeschäftigungen bei anderen Arbeitgebern sind dem Arbeitnehmer ausdrücklich untersagt.
☐	Der Arbeitgeber kann die Lohnzahlung mit sofortiger Wirkung einstellen, wenn wegen schlechter Auftragslage der Arbeitnehmer nicht benötigt wird.

Verträge auf Arbeitsleistung

9. Sachverhalt zu Pflichten beim Einzelarbeitsvertrag

Der 48-jährige Ruedi Amstutz arbeitet seit 12 Jahren mit einem 100%-Pensum als Chauffeur beim Transportunternehmen InterTrans AG in Oftringen. In seinem seinerzeit mit der InterTrans AG abgeschlossenen Einzelarbeitsvertrag gelten in allen Belangen die Minimalvorschriften des Obligationenrechts.
Von den unten aufgeführten acht Aussagen zu diesem Arbeitsverhältnis zwischen Ruedi Amstutz und der InterTrans AG sind drei richtig. Kreuzen Sie diese an.

R	Aussage
☐	Der Ferienanspruch von Ruedi Amstutz beträgt fünf Wochen.
☐	Bei Krankheit kann Ruedi Amstutz von der InterTrans AG eine Lohnfortzahlung von maximal zwei Monaten geltend machen.
☐	Die InterTrans AG darf Ruedi Amstutz grundsätzlich nicht zur Leistung von Überstunden verpflichten.
☐	Die InterTrans AG zahlt den Lohn jeweils am Ende des betreffenden Arbeitsmonats an Ruedi Amstutz aus.
☐	Wenn Ruedi Amstutz knapp bei Kasse ist, hat er das Recht, die Auszahlung seines Monatslohns ausnahmsweise schon Mitte Monat zu verlangen.
☐	Wenn Ruedi Amstutz in seinen Ferien erkrankt, kann er für diese Krankheitstage Ferien nachbeziehen.
☐	Wenn Ruedi Amstutz eines Morgens wegen eines nächtlichen Partybesuchs verkatert ist, darf er einen befreundeten Chauffeur als Vertretung zur Arbeit bei der InterTrans AG schicken.
☐	Ruedi Amstutz darf in seiner Freizeit für kein anderes Transportunternehmen in der Region gegen Lohn arbeiten.

10. Sachverhalt zu Pflichten beim Einzelarbeitsvertrag

Im Einzelarbeitsvertrag von Séverin Kammermann wird ein «Monatslohn von CHF 4800» erwähnt. Beantworten Sie dazu die folgenden Fragen.

a) Ist in dieser Formulierung ein 13. Monatslohn eingeschlossen? Die Antwort ist zu begründen.

Lösung	
Antwort	
Begründung	

b) Séverin Kammermann wurde kürzlich nach der vorsätzlichen Teilnahme an einer Schlägerei derart schwer verletzt, dass er während dreier Monate arbeitsunfähig ist. Kann er gemäss Gesetz vom Arbeitgeber für diese Zeit Lohnfortzahlung verlangen? Die Antwort ist zu begründen.

Lösung	
Antwort	
Begründung	

c) Im letzten Sommer wurde Séverin Kammermann auf der Heimreise von den Ferien wegen eines Streiks eine Woche aufgehalten. Konnte er damals von seinem Arbeitgeber Lohnfortzahlung wegen unverschuldeter Arbeitsverhinderung verlangen? Die Antwort ist zu begründen.

Lösung	
Antwort	
Begründung	

E 10.3 Beendigung des Einzelarbeitsvertrags

11. Sachverhalte zur Beendigung des Einzelarbeitsvertrags

Weisen Sie die Ziffern der nachstehenden Rechtsbegriffe dem jeweils passenden, weiter unten aufgeführten Sachverhalt zu. Jede Ziffer ist genau einmal einzusetzen.

1. Ablauf der Vertragsdauer
2. Fristlose Kündigung
3. Gegenseitiges Einvernehmen
4. Kündigung zur Unzeit
5. Missbräuchliche Kündigung
6. Ordentliche Kündigung

Sachverhalt	Ziffer
Wegen ungenügender Leistungen seiner Mannschaft einigt sich ein Fussballtrainer mit seinem Club, den befristeten Einzelarbeitsvertrag gegen eine Abfindung von CHF 250 000 vorzeitig aufzulösen.	
Einem Arbeitnehmer im fünften Dienstjahr wird am 22. März die Stelle wegen ungenügender Leistungen auf Ende Mai gekündigt.	
Als der Chef von der Schwangerschaft seiner Sekretärin erfährt, kündigt er ihr auf der Stelle.	
Einem Mitarbeiter wird mit sofortiger Wirkung gekündigt, nachdem er zugegeben hat, aus der Geschäftskasse CHF 500 gestohlen zu haben.	
Das befristete Arbeitsverhältnis eines Skilehrers endet ohne Kündigung am 31. März.	
Das Arbeitsverhältnis mit einem Buchhalter wird unter Einhaltung der vertraglichen Kündigungsfrist aufgelöst, da seine religiöse Ausrichtung das Arbeitsklima störe.	

12. Kündigungstermine beim Einzelarbeitsvertrag

Bestimmen Sie für die folgenden Sachverhalte das Datum des letzten Arbeitstages (Kündigungstermin). Es gelten in allen Belangen die Bestimmungen des Obligationenrechts.

Sachverhalt	Datum
Dieter Meier kündigt am 2. April nach sechs Dienstjahren seinen unbefristeten Einzelarbeitsvertrag.	
Tina Hauser erhält am Freitag, 6. Oktober, während der Probezeit die Kündigung.	
Claude Auermann, seit Anfang August 2012 als Vermögensverwalter angestellt, hat Kundengelder unterschlagen und wird deshalb am 23. Juni 2018 fristlos entlassen.	
Aufgrund einer Filialschliessung wird der Leiterin, die seit dem 1. Februar 2006 im Betrieb arbeitet, am 7. Januar 2018 gekündigt.	

Verträge auf Arbeitsleistung

Sachverhalt	Datum
Alex Ammann wurde von der ALLEGRO AG am 1. Juni 2018 befristet für ein Jahr angestellt.	
Gegenüber dem Mitarbeiter Ferdinand Muff wird nach zwanzig Dienstjahren am 6. Dezember 2018 die Kündigung ausgesprochen, da er als Gewerkschaftsmitglied für die Arbeitgeberin nicht mehr tragbar sei.	
Christian Loder wurde am 1. Juni 2014 bei der Elmiger AG als Verkäufer eingestellt. Am 22. August 2018 wird ihm die Stelle ordentlich gekündigt. Am 12. September 2018 erleidet Christian Loder einen Autounfall und kann sechs Wochen nicht mehr arbeiten.	
Benjamin Ambühl kündigt am 5. September 2018 nach nur fünf Monaten, weil ihm die Arbeit nicht gefällt. Am 20. September 2018 erkrankt Benjamin Ambühl schwer und ist für wenigstens drei Monate arbeitsunfähig.	

W 10.3 Beendigung des Einzelarbeitsvertrags

13. Sachverhalt zur Beendigung des Einzelarbeitsvertrags

Marc Duss arbeitet seit sechs Jahren als Sachbearbeiter in der Verwaltung einer Grossmetzgerei. Am 7. März kündigt der Arbeitgeber das Arbeitsverhältnis mit ihm aus wirtschaftlichen Gründen auf den gemäss Gesetz nächstmöglichen Termin. Vom 21. April bis 9. Mai weilt Marc Duss dann im obligatorischen Militärdienst.

a) An welchem Datum endet das Arbeitsverhältnis von Marc Duss (letzter Arbeitstag)? Nennen Sie auch die beiden massgebenden Gesetzesartikel mit Absatz.

Lösung	
Antwort	
Gesetzesartikel mit Absatz (verlangt sind zwei)	

b) Wie wäre die Kündigung rechtlich zu beurteilen, wenn sie der Arbeitgeber am 28. März ausgesprochen hätte? Begründen Sie Ihre Antwort und nennen Sie auch den massgebenden Gesetzesartikel mit Absatz.

Lösung	
Antwort	
Begründung	
Gesetzesartikel mit Absatz	

14. Aussagen zum Einzelarbeitsvertrag

Kreuzen Sie an, ob die unterstrichenen Teile der nachfolgenden Aussagen zum Einzelarbeitsvertrag richtig oder falsch sind. Falsche Aussagen berichtigen Sie auf der leeren Zeile.

R	F	Aussage
☐	☐	Eine Probezeit ist gemäss Schweizer Arbeitsrecht absolut zwingend vorzusehen.
☐	☐	Eine missbräuchliche Kündigung ist nichtig.
☐	☐	Einer schwangeren Frau im fünften Dienstjahr, deren Arbeitsleistung ein wenig nachgelassen hat, darf die Stelle rechtsgültig gekündigt werden.
☐	☐	Arbeitgeber und Arbeitnehmer können schriftlich eine generelle Kündigungsfrist von vier Monaten vereinbaren.
☐	☐	Ein befristeter Einzelarbeitsvertrag endet ohne Kündigung.
☐	☐	Mit dem Tod des Arbeitnehmers geht das Arbeitsverhältnis auf seine Erben über.
☐	☐	Bei einer fristlosen Kündigung verzichtet der Arbeitgeber per sofort auf die Arbeitsleistung des Arbeitnehmers, den Lohn hat er aber bis zum Ende der gesetzlichen oder vereinbarten Kündigungsfrist weiterhin zu bezahlen.
☐	☐	Kündigt ein Arbeitnehmer im dritten Dienstjahr am 15. März den Einzelarbeitsvertrag ordentlich auf den gesetzlichen Kündigungstermin, dann ist zwei Monate später am 15. Mai sein letzter Arbeitstag.

Verträge auf Arbeitsleistung

15. Sachverhalt zum Einzelarbeitsvertrag

Lukas Marti arbeitet seit vier Jahren als Mechaniker bei der Maschinenfabrik Hunziker AG. In seinem unbefristeten Einzelarbeitsvertrag wurden seinerzeit in allen Belangen die Regelungen des Obligationenrechts übernommen.

Beantworten Sie die folgenden Fragen zum Sachverhalt.

a) Anfang Januar erwägt Lukas Marti einen Stellenwechsel. Auf wann kann er seine Stelle bei der Auto Hunziker AG frühestens kündigen?

Lösung	
Antwort	

b) Wenn Lukas Marti am 7. Januar für längere Zeit krank würde, auf wann könnte ihm der Arbeitgeber in diesem Fall frühestens kündigen?

Lösung	
Antwort	

c) Lukas Marti ist politisch aktiv und engagiert sich stark für Umweltanliegen in seiner Gemeinde. Sein Chef hat diesbezüglich auch schon negative Bemerkungen gemacht. Welchen Anspruch könnte Lukas Marti geltend machen, wenn ihm der Arbeitgeber mit Verweis auf sein Umweltengagement die Stelle kündigen würde? Begründen Sie Ihre Antwort, und nennen Sie auch den massgebenden Gesetzesartikel.

Lösung	
Anspruch	
Begründung	
Gesetzesartikel	

d) Welche rechtlichen Möglichkeiten hätte der Arbeitgeber, wenn Lukas Marti eines Morgens übernächtigt zur Arbeit erscheinen würde und seine Leistung deshalb ein wenig eingeschränkt wäre? Markieren Sie die richtige(n) Auswahlantwort(en).

☐ Fristlose Kündigung

☐ Lohnzahlung verweigern

☐ Ordentliche Kündigung (mit gesetzlicher Kündigungsfrist)

11 Recht und Staat
Steuerrecht

Inhaltsverzeichnis

	Theorie	Aufgaben
11.1 Steuerrechtsverhältnis	**154**	167
11.2 Steuerarten	**155**	168
11.3 Steuererklärung einer Privatperson	**163**	174

Leistungsziele	166

11 Steuerrecht

Einführungsfall

Der Tagesablauf von Mario Steiner und wie der Staat dabei verdient!
Freitagmorgen, 6 Uhr: Widerwillig steht Mario Steiner auf. Seine Lebenspartnerin Karin Schaad schläft noch, sie hat freitags frei. Schnell unter die Dusche und nach einem Minutenfrühstück mit zwei Tassen Espresso und einer kleinen Portion Frühstücksflocken ab auf den Zug Richtung Stadt zur Arbeit. Mario hat ein Generalabonnement. Während der Fahrt blättert er lustlos die am Kiosk gekaufte Tageszeitung durch. 7 Uhr 30: Arbeitsbeginn als Marketingplaner bei einer grossen Supermarktkette. 12 Uhr: Nach einem ruhigen Vormittag geht Mario Steiner mit zwei Kollegen italienisch essen. Er bestellt Tomatensuppe, Pizza und Süssmost. 13 Uhr 30: Wieder im Büro, wird es hektisch. Mit einer Werbekampagne gibt es Probleme. 18 Uhr: Mario Steiner hat die Probleme gelöst und verlässt das Büro. Wieder ein Tag vorüber und wieder netto CHF 387 verdient, denkt er sich. Seinen durchschnittlichen Tageslohn hat er vor Monaten in mühsamer Rechnerei selbst herausgefunden. Am Bahnhof bleibt Zeit. Er ruft Karin an und kauft ihr Blumen. 19 Uhr 15: Wieder zu Hause – Karin freut sich über die Blumen. Gemeinsam bereiten sie das Nachtessen zu – Gemüse, Fisch und Reis, dazu eine Flasche Wein. 23 Uhr: Mario geht schlafen, Karin sieht fern. Zuvor hat er noch kurz die Post durchgesehen. Eine Bankgutschrift über CHF 487.50 für Zinsen war darunter. Mario hat einen Teil seines gesparten Vermögens in Schweizer Wertschriften angelegt. «Die Steuererklärung sollte ich jetzt auch mal ...», ist dann Marios letzter Gedanke an diesem Freitag.
Welchen Steuerarten, die sie privat belasten, sind Mario Steiner und seine Lebenspartnerin Karin Schaad in welchen Stationen des Tagesablaufs begegnet?

Die öffentlichen **Gemeinwesen** der Schweiz – Bund, Kantone und Gemeinden – haben eine Vielzahl von gesetzlich verankerten Aufgaben zu erfüllen. Man denke etwa an die Bildung, den Verkehr, die Armee, das Gesundheitswesen, die Sozialhilfe, die Polizei oder die Unterstützung der Landwirtschaft. Die dafür notwendigen umfangreichen finanziellen Mittel beschaffen sich die Gemeinwesen grösstenteils durch Steuereinnahmen. Alle Personen in der Schweiz sind denn auch gemäss Bundes- bzw. Kantonsverfassungen verpflichtet, in Form von Steuerabgaben einen angemessenen Beitrag zum **Staatshaushalt** zu leisten. Im Übrigen verfolgt der Staat mit dem steuerrechtlichen Grundsatz, wonach mehr Steuern zu bezahlen sind, je mehr Einkommen und Vermögen jemand hat, den sozialen Zweck, für eine gewisse **Umverteilung** der Einkommen und Vermögen (von den Reichen zu den Armen) zu sorgen.

➔ 1. Semester 2.5.4

Steuern sind von den Bürgern als **Zwangsabgaben ohne direkte Gegenleistung** des Staates geschuldet. Für die Steuerbelastung der einzelnen Person spielt es somit keine Rolle, ob oder wie stark sie die mit Steuern finanzierten staatlichen Leistungen in Anspruch nimmt.
Die nachstehenden Abbildungen zeigen die beschriebenen Zusammenhänge beim Bund.

Recht und Staat

Einnahmen und Ausgaben des Bundes 2018 (Budget)

Einnahmen
Anteile in Prozenten

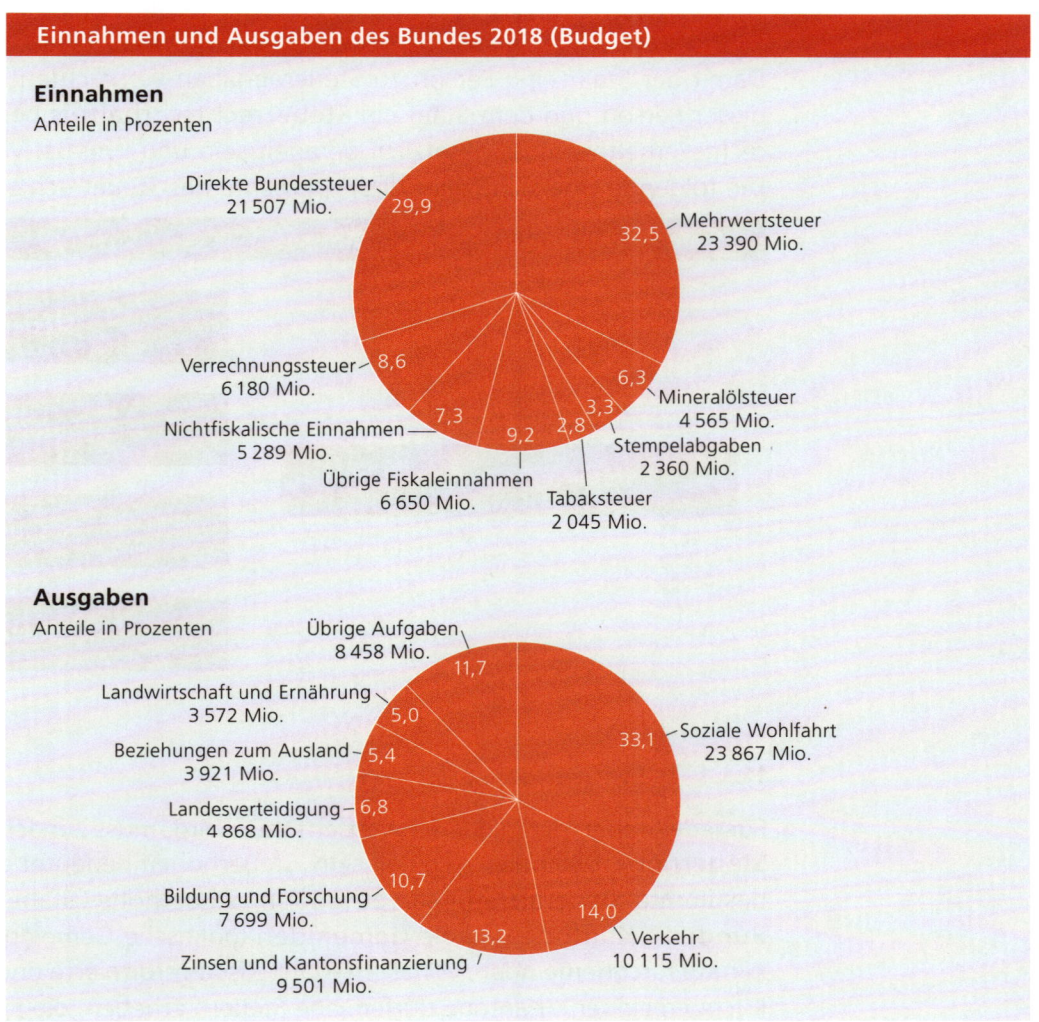

- Direkte Bundessteuer 21 507 Mio. — 29,9
- Mehrwertsteuer 23 390 Mio. — 32,5
- Verrechnungssteuer 6 180 Mio. — 8,6
- Nichtfiskalische Einnahmen 5 289 Mio. — 7,3
- Übrige Fiskaleinnahmen 6 650 Mio. — 9,2
- Tabaksteuer 2 045 Mio. — 2,8
- Stempelabgaben 2 360 Mio. — 3,3
- Mineralölsteuer 4 565 Mio. — 6,3

Ausgaben
Anteile in Prozenten

- Übrige Aufgaben 8 458 Mio. — 11,7
- Landwirtschaft und Ernährung 3 572 Mio. — 5,0
- Beziehungen zum Ausland 3 921 Mio. — 5,4
- Landesverteidigung 4 868 Mio. — 6,8
- Bildung und Forschung 7 699 Mio. — 10,7
- Zinsen und Kantonsfinanzierung 9 501 Mio. — 13,2
- Verkehr 10 115 Mio. — 14,0
- Soziale Wohlfahrt 23 867 Mio. — 33,1

Quelle: Eidgenössisches Finanzdepartement (EFD)

Steuerrecht

11.1 Steuerrechtsverhältnis

Damit der Staat eine Person zu Steuerabgaben verpflichten kann, muss zwischen dieser Person und dem Staat ein **Steuerrechtsverhältnis** bestehen. Dieses Steuerrechtsverhältnis muss gesetzlich geregelt sein und umfasst vier zentrale Elemente. Die folgende Übersicht zeigt diese Elemente des Steuerrechtsverhältnisses.

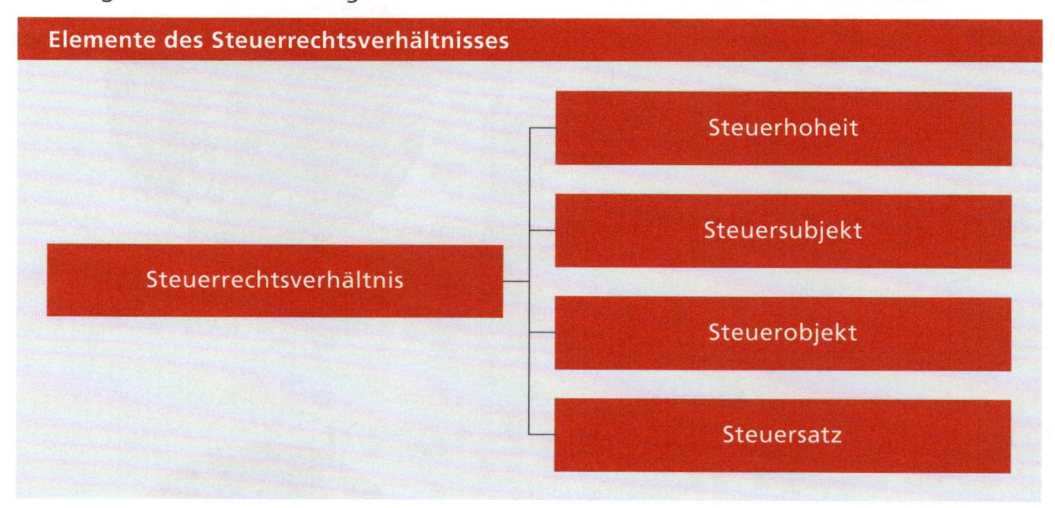

Elemente des Steuerrechtsverhältnisses

Steuerrechtsverhältnis
- Steuerhoheit
- Steuersubjekt
- Steuerobjekt
- Steuersatz

11.1.1 Steuerhoheit

Für jede Steuer, die in der Schweiz erhoben wird, muss zunächst die entsprechende **Steuerhoheit** rechtlich geregelt sein. Steuerhoheit bedeutet das Recht haben, eine bestimmte Steuerart erheben zu dürfen. Steuerhoheit haben in der Schweiz der **Bund**, die **Kantone** und die **Gemeinden** (politische Gemeinden und staatlich anerkannte Kirchgemeinden, vor allem evangelisch-reformierte und römisch-katholische Kirchgemeinden). Kantone dürfen jene Steuern erheben, die nicht ausdrücklich dem Bund vorbehalten sind.

11.1.2 Steuersubjekt und Steuerträger

Weiter muss das **Steuersubjekt** bezeichnet werden, also die Person, welche besteuert wird und dem Gemeinwesen die Steuer zu bezahlen hat (Steuerpflichtiger). Steuersubjekte können in der Schweiz natürliche (Privat-)Personen und juristische Personen (wie AG oder GmbH) sein. Zum Steuersubjekt wird man grundsätzlich durch Zugehörigkeit (z.B. mit Wohnsitz oder Domizil) zum Gemeinwesen, welches die Steuerhoheit hat.
Steuerträger ist die Person, von deren Geld die Steuer letztendlich bezahlt (getragen) wird. Häufig sind Steuersubjekt und Steuerträger identisch. Wie jedoch weiter hinten dargelegt wird, trifft dies bei der Mehrwertsteuer und der Verrechnungssteuer nicht zu. Diese beiden Steuerarten werden durch das Steuersubjekt auf Dritte überwälzt.

→ 12.2.5/6

11.1.3 Steuerobjekt

Als **Steuerobjekt** wird der Gegenstand der Steuer festgelegt (was wird besteuert?). Steuerobjekte sind etwa Einkommen und Vermögen natürlicher Personen, Gewinn und Kapital juristischer Personen, Zinsgutschriften von Banken, Dividendenausschüttungen (ausbezahlte Gewinnanteile) von Aktiengesellschaften und Warenverkäufe. Das Steuerobjekt ist die Basis für die **Steuerberechnung**.

11.1.4 Steuersatz

Schliesslich muss in den Steuergesetzen die Höhe der Steuerabgabe bestimmt sein. Das geschieht mit dem **Steuersatz** oder **Steuertarif**. Dieses Mass gibt in Prozenten an, wie hoch die Steuerbelastung ausfällt. So beträgt beispielsweise die Verrechnungssteuer 35 % auf Zinsgutschriften von Banken, die Mehrwertsteuer auf dem Verkauf von Kleidern 7,7 % oder die Gewinnsteuer des Bundes 8,5 %. Gilt für alle Steuerobjekte (auch in unterschiedlicher Höhe) ein solch einheitlicher Steuersatz, spricht man von einem **proportionalen Steuersatz**.

Bei der Einkommens- und der Vermögenssteuer natürlicher Personen steigt dagegen der Steuertarif regelmässig mit zunehmendem Einkommen bzw. Vermögen. Man spricht in diesem Zusammenhang von **progressiven Steuersätzen** (**Steuerprogression**). Im Detail ersichtlich ist diese Steuerprogression weiter hinten in der Abbildung «Steuerprogression bei der direkten Bundessteuer».

→ 11.2.1

Beispiel Ein Steuersatz von 10 % bei einem Einkommen von CHF 50 000 (Steuerbelastung CHF 5000) erhöht sich bei einem Einkommen von CHF 100 000 auf 18 % (Steuerbelastung CHF 18 000). Das doppelte Einkommen führt also zu einer mehr als doppelt so grossen (überproportionalen) Steuerbelastung.

A E-Aufgabe 1, W-Aufgabe 2

11.2 Steuerarten

Die nachstehende Übersicht zeigt die wichtigsten **Steuerarten** des Bundes, der Kantone und der Gemeinden.

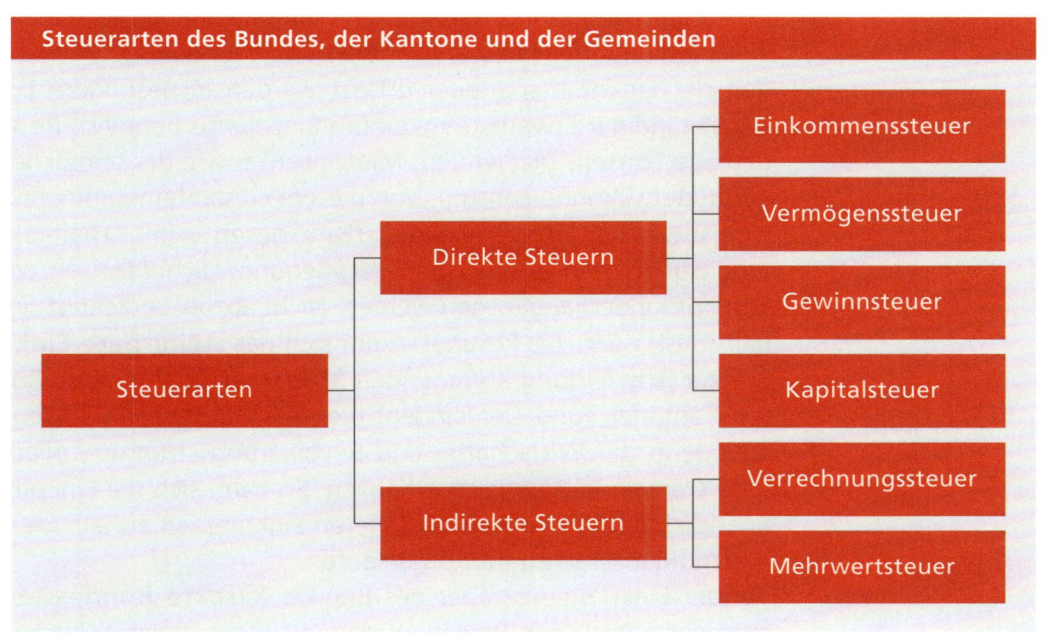

Steuerarten des Bundes, der Kantone und der Gemeinden

- Steuerarten
  - Direkte Steuern
    - Einkommenssteuer
    - Vermögenssteuer
    - Gewinnsteuer
    - Kapitalsteuer
  - Indirekte Steuern
    - Verrechnungssteuer
    - Mehrwertsteuer

Das Schweizer Steuerrecht unterteilt die verschiedenen Steuerarten in zwei Hauptgruppen, in die direkten Steuern und die indirekten Steuern.

Steuerrecht

Bei den **direkten Steuern** ist das Steuersubjekt stets auch der Steuerträger (die Steuer wird also nicht auf andere Personen überwälzt). Zudem werden die direkten Steuern fast durchwegs nach Massgabe der **wirtschaftlichen Leistungsfähigkeit** des Steuersubjekts erhoben. Eine Person mit einem Vermögen von CHF 750 000 hat z.B. eine höhere wirtschaftliche Leistungsfähigkeit als eine mit CHF 80 000 Vermögen. Folglich ist beim Vermögen von CHF 750 000 ein höherer Steuersatz gerechtfertigt (**Steuerprogression**).

→ 11.2.5/6

Demgegenüber werden **indirekte Steuern** häufig vom Steuersubjekt auf eine andere Person als Steuerträger überwälzt. Vgl. dazu die Ausführungen weiter hinten zur Verrechnungssteuer und zur Mehrwertsteuer. Ein weiterer Unterschied zu den direkten Steuern ist der, dass bei den indirekten Steuern die wirtschaftliche Leistungsfähigkeit der belasteten Personen nicht berücksichtigt wird. Es gelten für alle die gleichen (proportionalen) Steuersätze. Ihre Wirkung auf die Umverteilung von Einkommen und Vermögen unter den Leuten ist deshalb geringer als bei den direkten Steuern. Sie gelten folglich auch als weniger soziale Steuern.

11.2.1 Einkommenssteuer

Die **Einkommenssteuer** ist für Privatpersonen die umfassendste und spürbarste Geldleistung an den Staat. Die Pflicht der **natürlichen Personen** zur Bezahlung von Einkommenssteuern an **Bund, Kantone** und **Gemeinden** wird im Grundsatz durch den Wohnsitz in der Schweiz (d.h. in einem Kanton und einer Gemeinde) begründet. Die Einkommenssteuer wird wie alle direkten Steuern für die **Bemessungsperiode** eines Kalenderjahres aufgrund einer **Steuererklärung** erhoben, welche die Steuerpflichtigen ausfüllen und der Steuerverwaltung einreichen müssen. Die darauf basierende Steuerberechnung durch die Steuerverwaltung wird als **Veranlagung** bezeichnet. Ehepaare werden gemeinsam besteuert und geben nur eine Steuererklärung ab. In diese Steuererklärung werden auch Einkommen (und Vermögen) von minderjährigen Kindern aufgenommen (ausgenommen sind die Erwerbseinkünfte, welche die Kinder selbst deklarieren und versteuern).

→ 11.3

Von der Einkommenssteuer erfasst werden insbesondere **Lohn,** Einkommen aus selbstständiger Erwerbstätigkeit (als Einzelunternehmer), **Renten** und **Vermögenserträge** (Zinsen, Dividenden, Mietzinsen) sowie der (amtliche) Mietwert von selbstgenutztem Wohneigentum. Von diesem Gesamteinkommen können Sozialversicherungsbeiträge, Berufsauslagen (Fahrspesen zum Arbeitsplatz, Mehrkosten der arbeitsbedingten auswärtigen Verpflegung), Schuldzinsen und soziale Pauschalen (u.a. für Kinder) abgezogen werden. Nicht abzugsberechtigt sind die privaten Lebenshaltungskosten. Als Resultat ergibt sich das **steuerbare Einkommen**.

Die zur Anwendung kommenden **Steuertarife** sind beim Bund und bei den meisten Kantonen (und Gemeinden) progressiv ausgestaltet. Wegen der grossen Unterschiede in der Wirtschafts- und Bevölkerungsstruktur variieren sie im kantonalen (und Gemeinde-)Vergleich erheblich. So kann sich die Einkommenssteuer in einem finanzschwachen Kanton bei tieferen Einkommen auf ein Mehrfaches der Steuer in einem finanzstarken Kanton belaufen.

Bei der Einkommenssteuer des Bundes (**direkte Bundessteuer** auf dem Einkommen der natürlichen Personen) gelten für die ganze Schweiz die gleichen progressiven Steuersätze. Die folgende Abbildung zeigt die Steuerprogression bei dieser direkten Bundessteuer (Tarif für Alleinstehende).

Steuerprogression bei der direkten Bundessteuer		
Steuerbares Einkommen (in CHF)	Steuerbelastung (in CHF)	Steuerbelastung (Steuersatz in %)
15 000.00	0.00	0,00
30 000.00	119.35	0,40
45 000.00	312.95	0,70
60 000.00	724.75	1,21
90 000.00	2 214.00	2,46
120 000.00	4 554.80	3,80
180 000.00	10 921.60	6,07
240 000.00	18 841.60	7,85
360 000.00	34 681.60	9,63
480 000.00	50 521.60	10,53
720 000.00	82 201.60	11,42
960 000.00	110 400.00	11,50

Die **Steuerprogression** ist als prozentualer Anstieg der Steuerbelastung bei höherem Einkommen deutlich zu erkennen. Die Steuerprogression endet beim Satz von 11,5 %, d.h., ab CHF 960 000 werden alle Einkommen mit 11,5 % besteuert. Dies ist die höchste Belastung bei der Einkommenssteuer des Bundes. Insgesamt bewegt sich die von einer Privatperson an Bund, Kanton und Gemeinde zu bezahlende maximale Einkommenssteuer in der Schweiz im Rahmen von 35 % des steuerbaren Einkommens.

Die **Steuerberechnung** (Veranlagung) von fast allen Kantonen und Gemeinden erfolgt auf der Basis des sogenannten **Steuerfusses**. Dieser legt als Faktor oder Prozentsatz des jeweiligen kantonalen Grundtarifs (einfache Steuer) fest, wie hoch die Steuer an den Wohnsitzkanton, die Wohnsitzgemeinde und allenfalls die Kirchgemeinde ist.

Beispiel Alleinstehende Person, steuerbares Einkommen CHF 54 200.00, einfache Steuer gemäss kantonalem Grundtarif CHF 2160.25, Steuerfuss (Faktor): Kanton 3,06 / Gemeinde 1,74 / Kirche 0,2

Kantonssteuer CHF 2 160.25 × 3,06 = CHF 6 610.35
Gemeindesteuer CHF 2 160.25 × 1,74 = CHF 3 758.85
Kirchensteuer CHF 2 160.25 × 0,2 = CHF 432.05
Total Einkommenssteuer (ohne direkte Bundessteuer) = CHF 10 801.25

Quelle: Steuerverwaltung Kanton Bern

Nach demselben Prinzip berechnen Kantone und Gemeinden auch ihre Ansprüche an Vermögens-, Gewinn- und Kapitalsteuern.

11.2.2 Vermögenssteuer

Gegenstand der **Vermögenssteuer** von **Kantonen** und **Gemeinden** (der Bund erhebt keine Vermögenssteuer) ist das Reinvermögen natürlicher Personen. Beim **Reinvermögen** handelt es sich um die Differenz von Aktiven (Bankguthaben, Wertschriften, Liegenschaften, Autos, Kunstsammlungen, Unternehmensanteilen usw.) und Passiven (Schulden wie z.B. Bankkredite). Die meisten Kantone wenden bei der Vermögenssteuer einen progressiven **Steuertarif** an. Dieser liegt je nach Kanton und Höhe des steuerbaren Reinvermögens zwischen 0,2 und 5‰ (Promille). Bei einem Reinvermögen von CHF 500 000 hat ein Steuerpflichtiger damit in der Schweiz jährlich maximal CHF 2500 (500 000 ÷ 1000 × 5) Vermögenssteuern an den Wohnsitzkanton und die -gemeinde zu bezahlen.

11.2.3 Gewinnsteuer

Juristische Personen wie Aktiengesellschaften (AG) oder Gesellschaften mit beschränkter Haftung (GmbH) sind **Steuersubjekte** und damit steuerpflichtig. Kein Steuersubjekt ist demgegenüber das Einzelunternehmen. Es bezahlt also selbst keine Steuern. Der Gewinn wird beim Geschäftsinhaber privat als Einkommen (aus selbstständiger Erwerbstätigkeit) besteuert. Zudem unterliegt das Kapital des Einzelunternehmens der Vermögenssteuer.

Bund, Kantone und **Gemeinden** erheben von auf ihrem Gemeinwesen angesiedelten juristischen Personen eine **Gewinnsteuer**. Auf Bundesebene heisst die Steuer auf dem Gewinn der juristischen Personen **direkte Bundessteuer** und beträgt in der ganzen Schweiz einheitliche 8,5 % des steuerbaren Jahresgewinns. Hat z.B. eine AG in einem Geschäftsjahr (gemäss Erfolgsrechnung) einen Gewinn von CHF 720 000 erzielt, muss sie davon CHF 61 200 (720 000 ÷ 100 × 8,5) dem Bund als Gewinnsteuer bezahlen. Kantone und Gemeinden haben eigene Gewinnsteuersätze. Je nach Kantons- und Gemeindestandort der juristischen Person können die betreffenden Sätze in der Schweiz bis zu 30 % betragen.

11.2.4 Kapitalsteuer

Das Steuerobjekt **Eigenkapital** (gemäss Bilanz) der **juristischen Personen** unterliegt in fast allen **Kantonen** und **Gemeinden** einer jährlichen **Kapitalsteuer**. Beim Bund wurde diese vor Jahren abgeschafft. Jeder Kanton ist bei der Festsetzung des Steuersatzes wieder autonom. Im Kanton Zug beispielsweise liegt der **Steuersatz** (inkl. Gemeinde) bei ca. 0,8‰. Bei einem steuerbaren Eigenkapital von CHF 1 450 000 ergibt sich somit in Zug eine Belastung durch die Kapitalsteuer von rund CHF 1160 (1 450 000 ÷ 1000 × 0,8). Die kantonalen Tarife sind mehrheitlich proportional und liegen im Bereich von 2‰.

Merke

> Eine steuerliche Problematik stellt bei juristischen Personen wie AG oder GmbH die **Doppelbesteuerung** dar. Sowohl der Gewinn wie auch das (Eigen-)Kapital werden nämlich je zweimal besteuert. Zum einen unterliegt der Gewinn bei der AG und der GmbH der Gewinnsteuer, zum anderen bezahlen die Eigentümer der AG oder der GmbH (Aktionäre oder Gesellschafter) auf dem an sie ausgeschütteten, schon bei der Gesellschaft versteuerten Gewinn (Dividende) noch zusätzlich die Einkommenssteuer. Und das bereits durch die Kapitalsteuer belastete Eigenkapital müssen die Eigentümer der juristischen Person als Kapitalanteile (wie z.B. Aktien) nochmals privat als Vermögen versteuern. Wie oben ausgeführt, ist demgegenüber das Einzelunternehmen kein Steuersubjekt und deshalb von dieser nachteiligen Doppelbesteuerung nicht betroffen.

11.2.5 Verrechnungssteuer (VST)

Bei der **Verrechnungssteuer** hat der **Bund** die alleinige Steuerhoheit. Im Folgenden die **Steuersätze** und die entsprechenden **Steuerobjekte**:

- **35% auf Kapitalerträgen**
  Zinserträge von über CHF 200 pro Jahr auf inländischen Post- oder Bankguthaben sowie Zinsen und Dividenden auf inländischen Wertpapieren
- **35% auf Lotteriegewinnen**
  Geldgewinne aus Lotto, Sport-Toto, Pferdewetten usw. von über CHF 1000 (steuerlich nicht erfasst werden Geldleistungen aus dem Ausland)

Steuersubjekt bei der Verrechnungssteuer ist der Leistungsschuldner (auszahlende Stelle), d.h. z.B. die Bank, welche einem Kontoinhaber Zinsen gutschreibt. Die Bank darf dem Kontoinhaber (Leistungsempfänger) lediglich 65% des Zinsertrags (Nettozins) gutschreiben, die 35% Verrechnungssteuer muss sie direkt abziehen und der Eidgenössischen Steuerverwaltung abliefern. Die Steuer wird also von der Bank bezahlt, aber auf den Kontoinhaber überwälzt. Folglich sind Steuersubjekt (Bank) und **Steuerträger** (Kontoinhaber) bei der Verrechnungssteuer nicht identisch. Wie bei **indirekten Steuern** üblich, gelten zudem für alle die gleichen Steuersätze (keine Steuerprogression).

Personen mit Wohn- bzw. Firmensitz in der Schweiz haben die Möglichkeit, die ihnen abgezogene Verrechnungssteuer vom Staat zurückzufordern. Voraussetzung dafür ist, dass sie die entsprechenden Einkünfte und Vermögenswerte in der **Steuererklärung deklarieren** oder (als Unternehmen) in ihrer Buchhaltung erfasst haben. Bei den natürlichen Personen erfolgt die Rückerstattung durch Verrechnung mit den kantonalen Steuern. Der Hauptzweck der Verrechnungssteuer ist somit die Förderung der Steuerehrlichkeit (**Sicherungssteuer**). Die hohen Steuersätze sollen die Steuerzahlenden dazu bringen, die Einkünfte und Vermögenswerte gegenüber den Steuerbehörden offenzulegen.

Im Ausland ansässige Leistungsempfänger können die Verrechnungssteuer nur zurückfordern, wenn die Schweiz mit dem betreffenden Staat ein entsprechendes Steuerabkommen abgeschlossen hat.

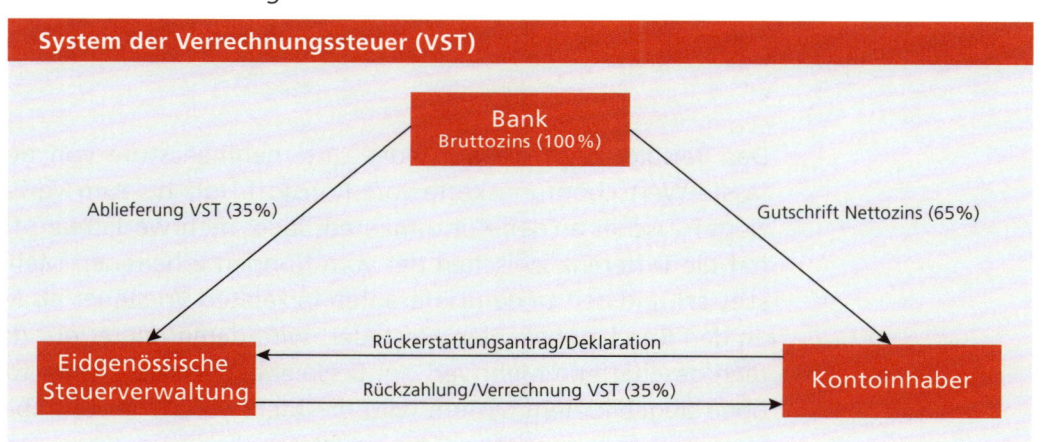

System der Verrechnungssteuer (VST)

- Bank – Bruttozins (100%)
- Ablieferung VST (35%) → Eidgenössische Steuerverwaltung
- Gutschrift Nettozins (65%) → Kontoinhaber
- Rückerstattungsantrag/Deklaration: Kontoinhaber → Eidgenössische Steuerverwaltung
- Rückzahlung/Verrechnung VST (35%): Eidgenössische Steuerverwaltung → Kontoinhaber

Steuerrecht

11.2.6 Mehrwertsteuer (MWST)

➜ 4. Semester
FWZ
Kapitel 9

Die **Mehrwertsteuer** ist eine dem **Bund** vorbehaltene **indirekte Steuer** auf dem Konsum von Waren und Dienstleistungen in der Schweiz. Mit Einnahmen von aktuell über CHF 20 Milliarden stellt die Mehrwertsteuer die wichtigste Einnahmenquelle des Bundes dar. **Steuersubjekt** sind grundsätzlich alle Unternehmen, welche in einem Jahr CHF 100 000 und mehr Umsatz mit steuerbaren Leistungen erzielen. Das **Steuerobjekt** der Mehrwertsteuer (die steuerbaren Leistungen) sind im Inland erfolgte Verkäufe von Waren und Dienstleistungen (Schenkungen sind ausgenommen) sowie gegen Entgelt erbrachte Arbeitsleistungen an Gegenständen (im Rahmen von Werkverträgen). Beispiele von Steuerobjekten sind das Führen einer Kundenbuchhaltung durch ein Treuhandunternehmen, der Verkauf von Kleidern durch ein Modegeschäft, die Taxifahrt zum Flughafen, die Reparatur eines Autos in einem Garagenbetrieb oder gewerbsmässige Gütertransporte. Die Unternehmen kassieren die Mehrwertsteuer zusammen mit den in Rechnung gestellten Leistungen bei ihren Kunden ein und liefern sie der Eidgenössischen Steuerverwaltung ab. Die an vorgelagerte Lieferanten bezahlte Mehrwertsteuer (**Vorsteuer**) können sie dabei in Abzug bringen (Rückforderungsanspruch). Das folgende Beispiel veranschaulicht das System der Schweizer Mehrwertsteuer.

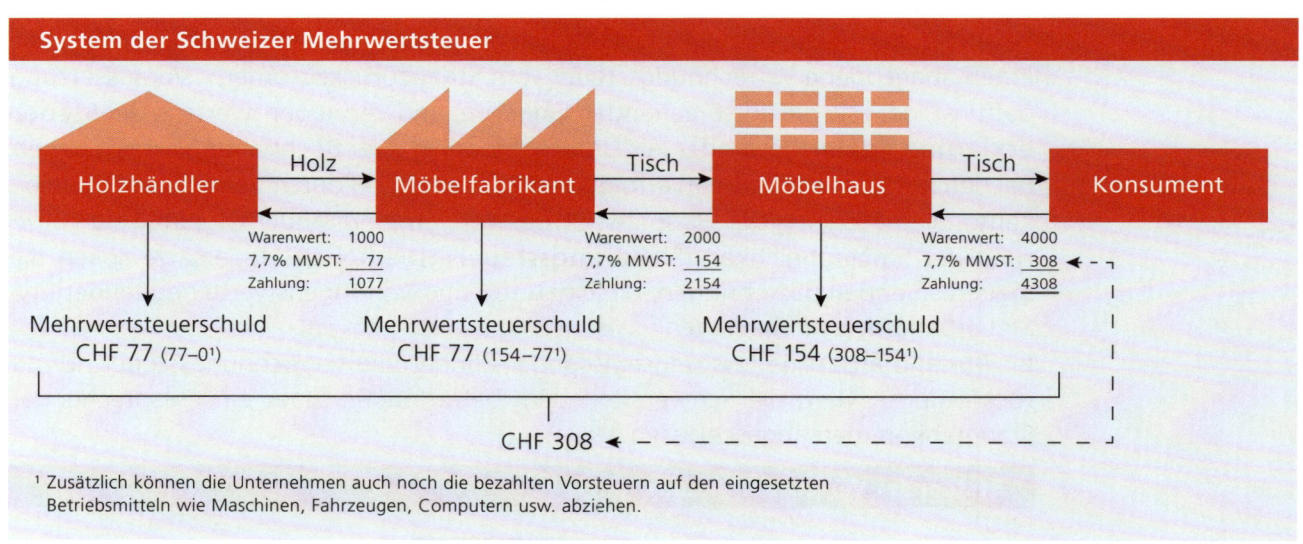

System der Schweizer Mehrwertsteuer

Holzhändler → Holz → Möbelfabrikant → Tisch → Möbelhaus → Tisch → Konsument

	Holzhändler	Möbelfabrikant	Möbelhaus
Warenwert:	1000	2000	4000
7,7% MWST:	77	154	308
Zahlung:	1077	2154	4308

Mehrwertsteuerschuld CHF 77 (77–0[1])
Mehrwertsteuerschuld CHF 77 (154–77[1])
Mehrwertsteuerschuld CHF 154 (308–154[1])

CHF 308

[1] Zusätzlich können die Unternehmen auch noch die bezahlten Vorsteuern auf den eingesetzten Betriebsmitteln wie Maschinen, Fahrzeugen, Computern usw. abziehen.

Das Beispiel zeigt die auf jeder Unternehmensstufe von der Mehrwertsteuer erfasste Wertschöpfungskette vom Rohstoff Holz bis zum Verkauf des daraus produzierten Tisches an den Konsumenten. Jedes mehrwertsteuerpflichtige Unternehmen hat die Differenz zwischen der vom Kunden erhaltenen Mehrwertsteuer (**Umsatzsteuer**) und der an den Lieferanten bezahlten Vorsteuer als Mehrwertsteuerschuld an den Bund zu bezahlen. Besteuert wird damit immer nur der in einem Unternehmen geschaffene Mehrwert. Im Beispiel beträgt die Steuer total CHF 308. Gemäss oben abgebildetem System wird die Mehrwertsteuer offenbar einfach immer weiter nach vorne geschoben, bis sie letztendlich beim Konsumenten ankommt. Er ist der (vom Gesetzgeber gewollte) **Steuerträger**, da er im Gegensatz zu den Unternehmen die dem Verkäufer bezahlte Mehrwertsteuer nicht mehr als Vorsteuer zurückfordern kann. Die Mehrwertsteuer wird deshalb auch Konsum- oder **Verbrauchssteuer** genannt.

Recht und Staat

Steuersätze der Mehrwertsteuer		
Normalsatz	7,7 %	Leistungen, für die keine der weiter unten aufgeführten Sonderregelungen gelten: Verkauf von Waren aller Art wie Kleider, Möbel, Maschinen, Fahrzeuge, alkoholische Getränke, Stahl usw., Personen- und Warentransporte, Reparatur von Gegenständen, Arbeiten an Gebäuden, tierärztliche Behandlungen, Vermietung von Fahrnis (z.B. Autoleasing), Beratungsaufträge, Coiffeurleistungen, Telefongebühren, Energielieferungen, Essen und Getränke in Restaurants
Sondersatz	3,7 %	Beherbergungsleistungen (Hotelübernachtungen mit Frühstück)
Reduzierter Satz	2,5 %	Nahrungsmittel und alkoholfreie Getränke (in Restaurants gilt jedoch der Normalsatz), Wasser in Leitungen, Pflanzen, Schnittblumen, Futter- und Düngemittel, Zeitungen, Zeitschriften, Bücher, Medikamente
Steuerbefreit (mit Vorsteuerabzug)	0,0 %	Verkauf von Waren und Dienstleistungen ins Ausland (besteuert wird nur der inländische Konsum)
Keine steuerbare Leistung (ohne Vorsteuerabzug)	0,0 %	Gesundheitsleistungen (z.B. von Ärzten und Spitälern), Unterricht, Vorträge, Kinderbetreuung, Versicherungen, Wertschriftenhandel, Vermietung von Liegenschaften, Liegenschaftsverkauf, Lotterien, Kultur (Konzerte, Theater, Kino, Museen), Briefpost (bis 50 Gramm), Eintrittsgelder für Sportveranstaltungen, Verkauf von eigenen Erzeugnissen durch Landwirte (Milch, Eier, Kartoffeln usw.)

Der Unterschied zwischen «**steuerbefreit**» und «**keine steuerbare Leistung**» ist der, dass Verkäufe von (im Inland) steuerbaren Leistungen ins Ausland von der Mehrwertsteuer «befreit» werden (da kein inländischer Konsum vorliegt), hingegen bestimmte Leistungen u.a. aus sozialen Gründen auch in der Schweiz von der Mehrwertsteuer ausgenommen sind, also «keine steuerbaren Leistungen» darstellen. Erbringt ein Unternehmen «keine steuerbaren Leistungen» wie z.B. eine Schule, können in diesem Fall gemäss Mehrwertsteuergesetz die an Lieferanten bezahlten Vorsteuern vom Bund nicht zurückgefordert werden.

Die oben angegebenen Steuersätze beziehen sich auf den jeweils realisierten Nettoerlös. Verkauft beispielsweise ein Maschinenfabrikant einem Kunden eine Maschine zum Nettopreis (ohne MWST) von CHF 25 000, müssen dem Kunden neben den CHF 25 000 zusätzlich CHF 1925 an Mehrwertsteuern in Rechnung gestellt werden (25 000 ÷ 100 × 7,7).

Lösung Einführungsfall

Im Fall von Mario Steiner sind er und Karin Schaad im Tagesablauf folgenden Steuerarten begegnet:
- **Einkommenssteuer**: Tageslohn, Zinsen auf den Wertschriften
- **Vermögenssteuer**: Wertschriften
- **Verrechnungssteuer**: Zinsen
- **Mehrwertsteuer**: Dusche (Wasser), Frühstück, Generalabonnement, Tageszeitung, Mittagessen, Blumen, Nachtessen

Steuerrecht

11.2.7 Die Steuerarten im Überblick

Die nachstehende Übersicht zeigt die wichtigsten Steuerarten des Bundes, der Kantone und der Gemeinden sowie deren zentrale rechtliche Eigenschaften.

Steuerarten des Bundes, der Kantone und der Gemeinden						
Steuerart	direkt/ indirekt	Steuerhoheit	Steuersubjekt	Steuerobjekt	Steuerträger	Steuersatz (-tarif)
Einkommenssteuer	direkt	Bund, Kantone, Gemeinden	Natürliche Person	Einkommen	Natürliche Person	progressiv
Vermögenssteuer	direkt	Kantone, Gemeinden	Natürliche Person	Vermögen	Natürliche Person	progressiv
Gewinnsteuer	direkt	Bund, Kantone, Gemeinden	Juristische Person	Gewinn	Juristische Person	proportional (i.d.R.)
Kapitalsteuer	direkt	Kantone, Gemeinden	Juristische Person	Eigenkapital	Juristische Person	proportional (i.d.R.)
Verrechnungssteuer	indirekt	Bund	Leistungsschuldner (z.B. Bank)	Zinsen, Dividenden, Lotteriegewinne usw.	Leistungsempfänger (z.B. Kontoinhaber)	proportional
Mehrwertsteuer	indirekt	Bund	Unternehmen (Verkäufer usw.)	Verkauf von Waren u. Dienstleistungen usw.	Konsument	proportional

A E-Aufgaben 3 bis 5, W-Aufgaben 6 bis 9

11.3 Steuererklärung einer Privatperson

Wie weiter vorne erwähnt, erfolgt die Bemessung der Einkommens- und der Vermögenssteuer aufgrund der von den einzelnen steuerpflichtigen Privatpersonen jährlich einzureichenden Steuererklärung. Darin werden die Einkommens- und Vermögensverhältnisse gegenüber dem Staat offengelegt. Vereinfacht erfolgt dies nach den folgenden Schemen:

Berechnung steuerbares Einkommen	Berechnung steuerbares Vermögen
+ Einkommen	**+ Vermögenswerte**
+ Erwerbseinkommen (v.a. Nettolohn)	+ Bewegliches Vermögen (v.a. Bankguthaben, Wertschriften, Fahrzeuge)
+ Einkünfte von Versicherungen (v.a. Renten)	+ Unbewegliches Vermögen (Liegenschaften)
+ Einkommen aus Vermögen (v.a. Zinsen, Dividenden, Mietwert selbstgenutzte Liegenschaft)	
= Total Einkommen	**= Total Vermögenswerte**
– Allgemeine Abzüge	**– Schulden** (z.B. Hypothekarschulden)
– Berufsauslagen (v.a. Fahrkosten zum Arbeitsort, Mehrkosten auswärtige Verpflegung)	
– Schuldzinsen	
– Unterhaltsbeiträge (Alimente)	
– Versicherungsprämien und Sparzinsen	
= Reineinkommen	**= Reinvermögen**
– Sozialabzüge (v.a. Kinderabzüge)	**– Sozialabzüge** (v.a. steuerfreie Beträge)
= Steuerbares Einkommen	**= Steuerbares Vermögen**

Fall Steuererklärung

Besorgen Sie sich bei der Steuerverwaltung eine **Steuererklärung** (mit Beilagen) in Papier- oder elektronischer Form sowie die entsprechende amtliche **Wegleitung** (beides kann auch aus dem Internet heruntergeladen werden). Füllen Sie für die Privatperson Mario Steiner, dessen persönliche und finanzielle Verhältnisse für ein bestimmtes Steuerjahr unten aufgelistet sind, die Steuererklärung aus.
In der amtlichen Wegleitung (inkl. der Steuererklärung) finden sich alle Hinweise, die für das korrekte Ausfüllen benötigt werden.

Persönliche und finanzielle Verhältnisse von Mario Steiner

Mario Steiner ist 45 Jahre alt und arbeitet seit gut zehn Jahren (Vollzeit) als angestellter Marketingplaner bei einer grossen Supermarktkette. Er ist ledig und lebt mit seiner Lebenspartnerin Karin Schaad zusammen.
Gemäss Lohnausweis beträgt sein jährlicher **Nettolohn** CHF 89 010.
An **Berufsauslagen** macht er Abonnementskosten für öffentliche Verkehrsmittel von CHF 1543, die Mehrkosten für die arbeitsbedingte auswärtige Mittagsverpflegung (ohne Verbilligung durch den Arbeitgeber) sowie die Pauschale für die übrigen zur Ausübung des Berufs erforderlichen Kosten geltend.

Steuerrecht

An **Wertschriften und Guthaben** verfügt Mario Steiner Ende Jahr über die nachstehenden Positionen mit den entsprechenden **Jahreserträgen**:
- Privatkonto bei der BANK AG mit Bestand CHF 14 728.30 und Jahreszins von CHF 64.25 (Bruttozins ohne Verrechnungssteuerabzug)
- Sparkonto bei der BANK AG mit Bestand CHF 40 322 und Jahreszins von CHF 405 (Bruttozins mit Verrechnungssteuerabzug)
- 75 Aktien CERES AG mit Nennwert CHF 50 und Steuerwert CHF 520 je Stück; an Dividenden hat die CERES AG im abgelaufenen Jahr CHF 6 (inklusive Verrechnungssteuer) pro Aktie ausgeschüttet.
- CHF 25 000 in 3%-Obligationen der VIVENTO AG mit Steuerwert 100%; vom Jahreszins wurde die Verrechnungssteuer abgezogen.

Mario Steiner ist Alleineigentümer der gemeinsam mit seiner Lebenspartnerin Karin Schaad bewohnten **Liegenschaft**. Es handelt sich dabei um eine 4½-Zimmer-Eigentumswohnung mit Baujahr 2003. Gemäss getroffener Vereinbarung schuldet ihm Karin Schaad keine Mietzinsen. Im Übrigen gelten für die Liegenschaft die folgenden aktuellen Steuerdaten:
- amtlicher Katasterwert: CHF 622 000
- aktueller Mietwert der selbstgenutzten Wohnung (Eigenmietwert) gemäss amtlicher Schatzung: CHF 23 256
- Die Unterhaltskosten werden mit dem Pauschalabzug abgedeckt.
- Mario Steiners private **Schulden** betragen total CHF 475 000. Sie bestehen einerseits aus einem zinslosen Darlehen über CHF 50 000 von seiner Lebenspartnerin Karin Schaad und andererseits aus einem Hypothekardarlehen der BANK AG im Umfang von CHF 425 000. An **Schuldzinsen** hat ihm die BANK AG im vergangenen Jahr insgesamt CHF 9562.50 (2¼%) belastet.

Seit Jahren zahlt Mario Steiner Beiträge in die **Säule 3a** ein (staatlich anerkannte Selbstvorsorge). Im letzten Jahr waren es CHF 6600.
Für **Versicherungsprämien und Zinsen von Sparkapitalien** kann der Maximalabzug beansprucht werden.
Das **Auto** von Mario Steiner ist vierjährig und hat CHF 35 000 gekostet.

Lösung Steuererklärung

Aufgrund der kantonalen Differenzen bei den gesetzlichen Bestimmungen zur Einkommens- und zur Vermögenssteuer (sowie der entsprechend unterschiedlichen Steuererklärungen bzw. Wegleitungen) gibt es keine einheitliche Musterlösung für die Steuererklärung von Mario Steiner. Eine Lösungsvariante ist nachfolgend (in Kurzform) abgebildet (Beträge in CHF).

Recht und Staat

Einkommen		
Haupterwerb Einzelperson		89 010
Wertschriftenertrag und Ertrag aus Guthaben		
▪ Bruttozins Privatkonto	64	
▪ Bruttozins Sparkonto	405	
▪ Dividende CERES AG (75 × 6)	450	
▪ Zins Obligationen VIVENTO AG (3% von 25 000)	750	
▪ Vermögensverwaltungskosten (0,3% von 119 050)	−357	1 312
Nettoeinkünfte aus Liegenschaften		
▪ Mietwert der selbstgenutzten Wohnung (70% von 23 256)	16 279	
▪ Unterhaltskosten pauschal (20% von 16 279)	−3 256	13 023
Gesamteinkommen		**103 345**
Abzüge		
Berufsauslagen		
▪ Abonnementskosten öffentliche Verkehrsmittel	1 543	
▪ Mehrkosten auswärtige Verpflegung	3 200	
▪ Übrige Kosten (3% von 89 010)	2 670	7 413
Schuldzinsen		9 563
Beiträge Säule 3a		6 600
Versicherungsprämien und Zinsen (Pauschale)		2 500
Total Abzüge		**26 076**
Steuerbares Einkommen (103 345 − 26 076)		**77 269**

Vermögen		
Wertschriften und Guthaben		
▪ Privatkonto	14 728	
▪ Sparkonto	40 322	
▪ Aktien CERES AG (75 × 520)	39 000	
▪ Obligationen VIVENTO AG	25 000	119 050
Motorfahrzeuge (24% von 35 000)		8 400
Liegenschaften (75% von 622 000)		466 500
Gesamtvermögen		**593 950**
Gesamtschulden		**475 000**
Reinvermögen (593 950 − 475 000)		**118 950**
Steuerfreier Betrag		**−50 000**
Steuerbares Vermögen		**68 950**

A W-Aufgabe 10

Leistungsziele

1.5.3.10 Steuerrecht

- Ich nenne bei den folgenden Steuern die Steuerhoheit, das Steuersubjekt, das Steuerobjekt und den Steuerträger:
  Direkte Steuern
  – Einkommenssteuern
  – Gewinnsteuer
  – Vermögenssteuer
  – Kapitalsteuer
  Indirekte Steuern
  – Mehrwertsteuer
  – Verrechnungssteuer

- Ich erläutere an ausgewählten Steuern die folgenden Zusammenhänge:
  – Zweck der Steuern (Staatshaushalt, Umverteilung)
  – Steuersatz/Steuerprogression
  – Direkte und indirekte Steuern

- Aufgrund eines vorgegebenen Falls einer Privatperson fülle ich selbstständig eine Steuererklärung aus.

E 11.1 Steuerrechtsverhältnis

1. Umschreibungen und Begriffe zum Steuerrechtsverhältnis

Ergänzen Sie in der folgenden Übersicht die fehlenden Umschreibungen bzw. Begriffe zum Steuerrechtsverhältnis.

Umschreibung	Begriff
Person, welche eine bestimmte Steuer zu bezahlen hat	
	Steuerträger
Das Recht des Kantons, Einkommenssteuern zu erheben	
Der Gegenstand der Steuer wie z.B. das Einkommen oder Vermögen einer natürlichen Person	
Mass, welches in Prozenten angibt, wie hoch die Steuerbelastung ist	
	Steuerprogression bei der Einkommenssteuer
Einheitlicher Steuersatz (Steuertarif), welcher für alle Steuerpflichtigen gilt	
Neben natürlichen Personen müssen auch juristische Personen Steuern bezahlen.	

W 11.1 Steuerrechtsverhältnis

2. Aussagen zum Schweizer Steuerrecht

Kreuzen Sie an, ob die nachfolgenden Aussagen zum Steuerrechtsverhältnis richtig oder falsch sind. Falsche Aussagen berichtigen Sie auf der leeren Zeile.

R	F	Aussage
☐	☐	Das Steuersubjekt ist stets auch der Steuerträger.
☐	☐	Bei einem proportionalen Steuersatz ist der Betrag der Vermögenssteuer für alle steuerpflichtigen Personen gleich hoch.
☐	☐	Die Elemente des Steuerrechtsverhältnisses sind die Steuerhoheit, das Steuersubjekt und der Steuersatz.

Steuerrecht

R	F	Aussage
☐	☐	Steuerhoheit haben in der Schweiz der Bund und die Kantone.
☐	☐	Der Gewinn einer Aktiengesellschaft ist ein Steuerobjekt.
☐	☐	Juristische Personen sind in der Schweiz Steuersubjekte.
☐	☐	Proportionale Steuersätze führen zu Steuerprogression.
☐	☐	Neben der Finanzierung des Staatshaushalts hat die Steuererhebung insbesondere auch den Zweck der Umverteilung von Einkommen und Vermögen.

E 11.2 Steuerarten

3. **Vermischtes zu den Steuerarten**

Bearbeiten Sie die nachstehenden Aufgaben zu den Steuerarten in der Schweiz.

a) Kreuzen Sie bei den unten aufgeführten Positionen (siehe auch nächste Seite) diejenigen an, welche bei der Berechnung des steuerbaren Einkommens einer natürlichen Person entweder dazugezählt oder abgezogen werden.

☐ Lohneinkünfte

☐ Bankguthaben

☐ Steuerwert von Wertschriften

☐ Kosten der arbeitsbedingten auswärtigen Verpflegung

☐ Zins- und Dividendeneinkünfte

☐ Bezahlte Schuldzinsen

☐ Hypothekarschulden

☐ Invalidenrente

☐ Erträge aus der Vermietung der Ferienwohnung

☐ Amtlich geschätzter Wert der Ferienwohnung

☐ Fahrspesen vom Wohn- zum Arbeitsort

☐ Gewinn des Einzelunternehmens

☐ Kaufpreis des neuen Autos

b) Neben der Einkommensteuer werden natürliche Personen noch mit einer anderen direkten Steuerart belastet. Um welche handelt es sich dabei und an welche öffentlichen Gemeinwesen muss diese bezahlt werden?

Steuerart:

Öffentliche Gemeinwesen:

c) Mit welchen direkten Steuern belastet der Staat juristische Personen wie z.B. AG oder GmbH?

d) Eine Person zahlt bei einem steuerbaren Einkommen von CHF 75 000 Einkommenssteuern in der Höhe von CHF 15 000. Wie hoch wären die Einkommenssteuern der Person bei einem steuerbaren Einkommen von CHF 150 000 unter der Annahme, dass ein progressiver Steuersatz zur Anwendung kommt? Nennen Sie einen möglichen CHF-Betrag.

e) Was bezweckt der Staat mit der Steuerprogression?

f) Die Verrechnungssteuer gilt im Gegensatz zur Einkommensteuer rechtlich als indirekte Steuer. Was unterscheidet indirekte von direkten Steuern? Nennen Sie zwei Unterscheidungsmerkmale.

g) Welche andere bedeutende indirekte Bundessteuer haben Privatpersonen neben der Verrechnungssteuer zu tragen?

h) Welche Steuerarten werden von Privatpersonen auf Basis einer jährlich einzureichenden Steuererklärung erhoben?

i) Wer ist Steuersubjekt für den Gewinn und das Eigenkapital eines Einzelunternehmens?

j) Wer ist Steuersubjekt für den Gewinn und das Eigenkapital einer AG oder GmbH?

Steuerrecht

4. Lückentext zum Schweizer Steuerrecht

Ergänzen Sie den nachfolgenden Lückentext zum Schweizer Steuerrecht. In jede Lücke kommt ein Wort.

An _____ Bundessteuern werden die _____ von natürlichen Personen sowie die Gewinnsteuer von _____ Personen erhoben. _____ haben natürliche Personen nur an die Kantone und _____ zu bezahlen. Bei der Einkommenssteuer steigt die Steuerbelastung mit zunehmendem Einkommen _____ an, was als _____ bezeichnet wird. Im Gegensatz zur Einkommenssteuer ist die Verrechnungssteuer eine _____ Steuer, bei der für alle Steuersubjekte ein _____ Steuersatz zur Anwendung kommt. Privatpersonen in der Schweiz werden die Verrechnungssteuern _____, falls sie die mit der Steuer belasteten Einkünfte in ihrer _____ deklarieren. Man bezeichnet die Verrechnungssteuer deshalb auch als _____.

5. Fachbegriffe zum Schweizer Steuerrecht

Kreuzen Sie zu den Aussagen jeweils den (die) passenden Fachbegriff(e) an. Pro Aussage sind kein, ein, zwei oder drei Kreuz(e) zu machen.

a) Diese Steuer erheben die Kantone und Gemeinden von den juristischen Personen.
   ☐ Gewinnsteuer   ☐ Kapitalsteuer   ☐ Mehrwertsteuer

b) So bezeichnet man einen einheitlichen Steuersatz.
   ☐ progressiv   ☐ indirekt   ☐ proportional

c) Diese Steuer darf in der Schweiz nur der Bund erheben.
   ☐ Einkommenssteuer   ☐ Gewinnsteuer   ☐ Vermögenssteuer

d) So heisst das Steuerobjekt bei der Kapitalsteuer.
   ☐ Aktiven   ☐ Passiven   ☐ Eigenkapital

e) Diese Steuer können Unternehmen von der Umsatzsteuer abziehen.
   ☐ Gewinnsteuer   ☐ Vorsteuer   ☐ Verrechnungssteuer

f) Das stellt steuerrechtlich der Konsument bei der Mehrwertsteuer dar.
   ☐ Steuerträger   ☐ Steuersubjekt   ☐ Steuerobjekt

g) Diese Steuer wird vom Steuersubjekt in der Regel auf andere Personen überwälzt.
   ☐ indirekte Steuer   ☐ Gewinnsteuer   ☐ Verrechnungssteuer

h) Diese Elemente gehören zum Steuerrechtsverhältnis.
   ☐ Steuerhoheit   ☐ Steuerobjekt   ☐ Steuertarif

W 11.2 Steuerarten

6. Begriffe und Zahlen zum Schweizer Steuerrecht

Von den folgenden nummerierten 18 Begriffen und Prozentzahlen passen jeweils zwei zusammen. Bilden Sie entsprechend neun Paare, und tragen Sie deren Nummern unten in die leeren Kästen ein.

1) Gewinnsteuersatz Bund
2) 35 %
3) Exporte
4) 65 %
5) progressiv
6) Bund
7) Nettozins (ohne VST)
8) direkte Steuer
9) Steuersubjekt
10) juristische Person
11) MWST-befreit
12) Steuerhoheit
13) Einkommenssteuersatz
14) 7,7 %
15) VST auf Dividenden
16) 8,5 %
17) Vermögenssteuer
18) MWST-Normalsatz

7. Aussagen zur Doppelbesteuerung

Von den folgenden sechs Aussagen zur Doppelbesteuerung sind drei richtig. Kreuzen Sie diese an.

R	Aussage
☐	Die Problematik der Doppelbesteuerung betrifft alle Unternehmen in der Schweiz.
☐	Doppelbesteuerung bedeutet, dass Unternehmensgewinne zweimal mit der Gewinnsteuer von Bund, Kantonen und Gemeinden belastet werden.
☐	Die Doppelbesteuerung ist ein Vorteil für die juristischen Personen.
☐	Betroffen von der Doppelbesteuerung sind der Gewinn und das Eigenkapital einer AG oder GmbH.
☐	An private Aktionäre ausgeschüttete (versteuerte) Gewinne einer Aktiengesellschaft unterliegen beim Aktionär einer nochmaligen Besteuerung, und zwar durch die Einkommenssteuer.
☐	Aktien sind Kapitalanteile einer AG und müssen privat als Vermögen versteuert werden.

Steuerrecht

8. Sachverhalt zur Mehrwertsteuer

Die KLEIDER AG, Gossau, kauft von der TUCH AG, Luzern, Stoffe im Wert von CHF 1500 (plus MWST). Die KLEIDER AG fertigt aus den gekauften Stoffen hochwertige Damenblusen und liefert diese für CHF 4500 (plus MWST) an die Zürcher MODE AG, welche die Damenblusen ihrerseits in ihren Schweizer Modeboutiquen für CHF 8250 (plus MWST) an eine anspruchsvolle Kundschaft verkauft.

Bearbeiten Sie die folgenden Aufgaben.

a) Berechnen Sie für die drei erwähnten Unternehmen je die aufgrund des Sachverhalts an den Bund abzuliefernde Mehrwertsteuer.

TUCH AG:

KLEIDER AG:

MODE AG:

b) Wie hoch ist der Mehrwertsteuerbetrag, den der Bund aufgrund des Sachverhalts einnimmt, und wer ist der Steuerträger?

Mehrwertsteuerbetrag:

Steuerträger:

c) Wie hoch wäre der Mehrwertsteuerbetrag, den der Bund von der MODE AG einnähme, falls diese alle Damenblusen in ihren Filialen in Deutschland verkaufen würde? Die Antwort ist zu begründen.

Mehrwertsteuerbetrag:

Begründung:

d) Kreuzen Sie die richtigen Aussagen zur Mehrwertsteuer an.

R	Aussage
☐	Die Mehrwertsteuer ist eine direkte Bundessteuer.
☐	Verschenken Unternehmen Produkte, müssen sie darauf im Grundsatz keine Mehrwertsteuer bezahlen.
☐	Neben dem Bund erheben auch die Kantone und Gemeinden eine Mehrwertsteuer.
☐	Steuersubjekt bei der Mehrwertsteuer ist der Endkonsument.
☐	Die von einem Unternehmen dem Bund abzuliefernde Mehrwertsteuer entspricht immer der eingenommenen Umsatzsteuer.
☐	Das Entgelt für eine Blinddarmoperation ist von der Mehrwertsteuer ausgenommen.

9. **Berechnung der Einkommens- und Vermögenssteuer**

Ein Ehepaar deklariert im Jahr 2017 in seiner Steuererklärung ein steuerbares Einkommen von CHF 95 000 und ein steuerbares Vermögen von CHF 210 000. Die einfache Steuer gemäss Grundtarif beträgt für das Einkommen CHF 4210.55 und für das Vermögen CHF 149.70. Der Steuerfuss (Faktor) beträgt für den Kanton 2,78, für die Gemeinde 1,65 und für die Kirche 0,1. Berechnen Sie für Kanton, Gemeinde und Kirche die Einkommenssteuer und die Vermögenssteuer.

Steuerrecht

W 11.3 Steuererklärung einer Privatperson

10. Steuererklärung von Sarah Kuhn

Füllen Sie für Sarah Kuhn, 38-jährige alleinstehende Aussendienstmitarbeiterin des Handelshauses WENGER AG, die Steuererklärung aufgrund der nachstehend aufgeführten finanziellen Verhältnisse aus (verwenden Sie als Hilfsmittel die amtliche Wegleitung) oder die Angaben aus dem «Fall Steuererklärung» im Theorieteil.

Gemäss Lohnausweis beträgt der jährliche Nettolohn von Sarah Kuhn CHF 68 250.

Sarah Kuhn ist beruflich als Aussendienstmitarbeiterin auf ihr Privatauto angewiesen und macht deshalb für die 20 km von ihrem Wohn- zum Arbeitsort die Fahrkosten für das Privatfahrzeug geltend (sie rechnet mit 220 Arbeitstagen und CHF 0.70 pro km). Die Mehrkosten für die berufsbedingte auswärtige Mittagsverpflegung (ohne Verbilligung durch den Arbeitgeber) kann sie für 100 Arbeitstage zu CHF 15 geltend machen. An den übrigen Arbeitstagen erhält sie vom Arbeitgeber eine entsprechende Spesenentschädigung.

Im aktuellen Steuerjahr hat Sarah Kuhn zudem ein Weiterbildungsseminar im Bereich Mediation besucht. Die nicht vom Arbeitgeber gedeckten Kosten beliefen sich dabei auf CHF 1800.

An Wertschriften und Guthaben verfügt Sarah Kuhn Ende Jahr über die folgenden Positionen mit den entsprechenden Jahreserträgen:

- Privatkonto bei der BANK AG mit Bestand CHF 26 752 und Jahreszins von CHF 82 (Bruttozins ohne Verrechnungssteuerabzug)
- Sparkonto bei der BANK AG mit Bestand CHF 48 927 und Jahreszins von CHF 389 (Bruttozins mit Verrechnungssteuerabzug)
- 100 Anteilscheine des Anlagefonds MERITA mit Steuerwert von je CHF 285; als Gewinnanteil hat der Anlagefonds im abgelaufenen Jahr CHF 15 (inklusive Verrechnungssteuer) pro Anteilschein ausgeschüttet.

Sarah Kuhn ist Alleineigentümerin der selbst bewohnten 3½-Zimmer-Eigentumswohnung mit Baujahr 1994. Sie hat die Wohnung vor sechs Jahren von ihrer Mutter geerbt. Für die Liegenschaft gelten die nachstehenden aktuellen Steuerdaten:

- Amtlicher Katasterwert: CHF 485 000
- Aktueller Mietwert der Wohnung (Eigenmietwert) gemäss amtlicher Schätzung: CHF 18 240
- Die Unterhaltskosten werden mit dem Pauschalabzug abgedeckt.
- Sarah Kuhns private Schulden bestehen ausschliesslich aus einem Hypothekardarlehen der BANK AG im Umfang von CHF 250 000. An Schuldzinsen wurden ihr im vergangenen Jahr insgesamt CHF 6250 (2½ %) belastet.

Seit Jahren zahlt Sarah Kuhn Beiträge in die Säule 3a ein (staatlich anerkannte Selbstvorsorge). Im letzten Jahr waren es CHF 5500.

Für Versicherungsprämien und Zinsen von Sparkapitalien kann Sarah Kuhn den Maximalabzug beanspruchen. Das Auto ist vierjährig und hat CHF 48 000 gekostet.

Recht und Staat

Steuerrecht

Stichwortverzeichnis

A

Akkordlohn **41**
Anfechtung (Mietvertrag) **113**
Anschaffungswert **2**
Arbeitsgesetz **130**
Arbeitsleistung **132**
Arbeitsvertrag **129**
Assessment-Center **40**
Auftrag (einfacher) **129, 131**
Ausserordentliche Kündigung (Mietvertrag) **112**
Austrittszahlung (Leasingvertrag) **103**

B

Beendigung des Einzelarbeitsvertrags **135**
Beendigung des Mietvertrags **110**
Befristete Arbeitsverhältnisse **46**
Bemessungsperiode **156**
Bestandteile des Gesamtlohns **41**
Bonus-Malus-System **75**
Bruttolohn **26**
Bruttomiete **106**
Buchwert **3, 5**

D

Degressive Abschreibung **5**
Direkte Bundessteuer **156, 158**
Direkte Steuer **156**
Doppelbesteuerung **158**
Doppelversicherung **77**
Drei-Säulen-System **78**

E

Einkommenssteuer **156**
Einzelarbeitsvertrag **129, 131**
Ersatzmieter **112**
Erstreckung (Mietvertrag) **113**
Erwerbstätigkeit **128**

F

Ferien (Arbeitsvertrag) **134**
Feriensperre **134**
Form der Kündigung (Mietvertrag) **110**
Formular (Kündigung Mietvertrag) **111**
Franchise **75**
Freistellung **137**
Fristlose Kündigung (Arbeitsvertrag) **136**

G

Gebrauchsüberlassungsvertrag **102**
Gegenseitiges Einvernehmen (Arbeitsvertrag) **139**
Gemeinwesen (Steuerrecht) **152**
Gesamtarbeitsvertrag **130**
Gesetzliche Kündigungsfristen und -termine (Mietvertrag) **111**
Gewinnsteuer **158**

H

Härte für den Mieter **113**
Hinterlegung des Mietzinses **109**

I

Indirekte Steuer **156, 159**
Interview **40**

K

Kantonale Schlichtungsbehörde **107, 109, 113**
Kapitalsteuer **158**
Konsumgüterleasing **103**
Konsumkreditgesetz **103**
Koordinationsabzug **28**
Kündigung durch das Unternehmen **46**
Kündigung durch den Mitarbeitenden **46**
Kündigung (Mietvertrag) **111**
Kündigungsfristen (Arbeitsvertrag) **136**
Kündigungsschutz (Arbeitsvertrag) **137**
Kündigungsschutz (Mietvertrag) **112**
Kündigungssperre (Arbeitsvertrag) **138**
Kündigung zur Unzeit (Arbeitsvertrag) **138**

L

Leasinggeber **103**
Leasingnehmer **103**
Leasingrate **103**
Leasingvertrag **103**
Lehrvertrag **130**
Lineare Abschreibung **3**
Lohnarten **41**
Lohnfortzahlung **133**
Lohnvorschuss **133**
Lohnzahlung **133**

M

Mehrwertsteuer **160**
Mietamt **107, 109**
Mietzinsdepot **106, 107**
Mietzinsreduktion **109**
Missbräuchliche Kündigung (Arbeitsvertrag) **137**
Missbräuchliche Kündigung (Mietvertrag) **112**
Missbräuchlicher Mietzins **107**
Mitarbeitergespräch **44**
Mitarbeiterportfolio **45**

N

Nebenbeschäftigung **132**
Nebenkosten (Mietvertrag) **106**
Nettomietzins **106**
Neuwert **76**
Nicht liquiditätswirksamer Aufwand **3**

O

Ordentliche Kündigung (Arbeitsvertrag) **135**
Ordentliche Pensionierung **46**

P

Paritätische Finanzierung **26**
Personaladministration **40**
Personalbedarf **38**
Personalbeurteilung **40**
Personalentwicklung **45**
Personalhonorierung **40**
Personalrekrutierung **39**
Personenversicherungen **73**
Prämienlohn **42**
Probezeit **135**
Progressiver Steuersatz **155**
Proportionaler Steuersatz **155**
Provision **42**

R

Rücksichtnahme (des Mieters) **107**

S

Sachversicherung **75**
Schadenersatz (Mietvertrag) **109**
Schweizerische Informationsstelle für Konsumkredit **104**
Selbstbehalt **75**
Sicherungssteuer **159**
Sorgfalt (des Mieters) **107**
Sorgfalts- und Treuepflicht (Arbeitsvertrag) **132**
Sozialversicherung **26, 78**
Sperrfrist (Arbeitsvertrag) **138**
Staatshaushalt **152**
Stellenbeschreibung **39**
Steuer **152**
Steuerart **155**
Steuerbares Einkommen **163**
Steuerbares Vermögen **163**
Steuerberechnung **155, 157**
Steuererklärung **156, 163**
Steuerfusses **157**
Steuerhoheit **154**
Steuerobjekt **154, 159, 160**
Steuerprogression **155, 156, 157**
Steuerrechtsverhältnis **154**
Steuersatz **155, 158, 159, 161**
Steuersubjekt **154, 158, 159, 160**
Steuertarif **155, 156, 158**
Steuerträger **154, 159, 160**

U

Übergabe der Mietsache **105**
Überstundenarbeit **133**
Überversicherung **76**
Umsatzsteuer **160**
Umverteilung (Steuerrecht) **152**
Untätigkeit des Vermieters **109**
Unterversicherung **76**

V

Veranlagung **156**
Verbrauchssteuer **160**
Vermögenssteuer **157**
Vermögensversicherung **74**
Verrechnungssteuer **159**
Versicherter Lohn **28**
Vertrag auf Arbeitsleistung **128**
Vorsorgeversicherung **78**
Vorstellungsgespräch **40**
Vorsteuer **160**

W

Wegleitung **163**
Weiterbildung **45**
Werklohn **128**
Werkvertrag **128, 131**
Wohnungsabnahmeprotokoll (Mietvertrag) **105**

Z

Zahlung des Mietzinses **106**
Zahlungsverzug des Mieters **106**
Zeitlohn **41**
Zeitwert **76**
Zielvereinbarung **44**